天使と悪魔

美術で読むキリスト教の深層

秦剛平

青土社

天使と悪魔——美術で読むキリスト教の深層

目次

はじめに　7

第1講　天使の起源——御使いと位階　13

ケルビム——御使いの元祖？　18
ケルビムから天使へ　22
アブラハム物語に登場する天使　27
創世記以外では　40
イザヤ書のセラフィム　40
旧約聖書外典に見られる天使　50
新約聖書の天使　57
最後の審判と天使　65
天使の位階　72

第2講　悪魔の来歴とイメージ　77

天使と御使いの違いは？　82
『悪魔の事典』があげる悪魔の数　84
ルシファー　85
ヨブ記のサタン　98
ウィリアム・ブレイクとヨブ記　101

ベエルゼブブ　107
新約聖書と悪魔　109
悪魔の誘惑　115
七つの大罪　116

第3講　悪魔の誘惑と聖人――アントニオスの場合ほか　125

ウォラギネの『黄金伝説』とアタナシオスの『アントニオス伝』　128
アントニオスの生涯　129
アントニオスに魅せられた画家たち　131
エクソシズム　165

第4講　死の表象と死神の勝利　177

死神の踊り（ダンス・マカーブル）　180
死神の踊りの画像　182
ホルバインと死神の踊り　192
死の勝利、あるいは死神の勝利　208
ヴァニタス――死の寓意画　217

第5講　リンボのキリストと悪魔、煉獄・地獄と魔王　227
父祖たちのリンボ　231
エウセビオスの議論　232
リンボの画像と画家たちの理解　234
煉獄　248
煉獄の画像　250
地獄と魔王　264

第6講　天使の国と新しいエルサレム　279
天国　282
メムリンクの最後の審判と天国への入り口　284
さまざまな最後の審判の表現　294
ヨハネ黙示録の「聖なる都、新しいエルサレム」　305
アウグスティヌスの『神の国』とダンテの『神曲』から　312
タペストリーに見る新しいエルサレム　313
オルレアン公ルイの時祷書から　316

あとがきに代えて　319

図版出典一覧　(1)　参考文献覚書　(12)

天使と悪魔——美術で読むキリスト教の深層

はじめに

ロンドンのナショナル・ギャラリーの近くに割りと大きな石造りの教会がある。わたしの不確かな記憶によれば、それはセント・マーチン・イン・ザ・フィールズと呼ばれたと思うが、その教会の地下食堂は結構おいしいランチ・メニューを提供し、イングリッシュ・ティーなどを出してくれる。そこは美術館に近いせいもあって、いつも大勢の観光客で賑わっているが、その地下食堂は正確にはクリプトと呼ばれる場所にある。クリプトは、辞書的な定義を与えれば、礼拝や納骨のために用いられる地下聖堂である。実際、そこにはこの教会に奉仕したか関係した聖人たちや聖職者たちの石棺が置かれ、その石蓋の高さに石床がはられている。ということは、このクリプトで食事をしお茶を飲む者は、食卓の下の石蓋の上に両足を置くことになる。自分の足もとの石蓋には石棺の中で眠っている者の生没年が記され、いかにその者がキリストを愛する者であったかなどが英語やラテン語で刻まれているが、その文字の多くは足に踏まれて摩耗している。いつの日か、その文字の解読は不可能になるであろう。それはともかく、石棺の中にはすでに白骨化して久しい、多分、白骨だけになってその本来の姿をとどめない者たちが眠っているはずである。白骨と化した頭蓋骨や大腿骨などが「眠る」というのも、考えてみれば奇妙な表現であるが、この国のキリスト教徒の多くは、死については、新約聖書の諸文書やヨハネの黙示録などが提供する光景を想像し、いつの日かキリストが再臨するときには、石棺の中でばらばらとなって朽ち果てている白骨にもそれなりに肉がついて元の体に戻り――これが復活の光景である――、最後の審判を受けて、天国に行けると本気で信じている。天国など存在するのかどうか、彼らは疑うことをしない。

石棺の上に足を置いて食事をする。

その復活や最後の審判についての理解はともかく、これは平均的な日本人の一般的な感覚にはなじまないものであろうが、イギリスやヨーロッパの国々を経巡るとき、わたしたちは、日本人にはなじめないキリスト教的な習俗に至る所で出くわし、わたしなどはその度ごとに、ギリシアの歴史家へロドトス（前四八四―四二五）がその著作『歴史』のタレイアの巻で述べている習俗についての見解、すなわち「帝国に多くの民族が混在していても、ある特定の民族の習俗を他の民族に押しつけてはならない」を反射的に思い起こしてしまうが、異国の旅にある者にとって習俗の違いを観察することほど面白いものはない。もちろん、それが面白いと観察されるのは、それが押し付けられてはならないという前提があるときに限られる。

わたしは本書に先行する『名画でたどる聖人たち』（青土社刊）で、キリスト教の神が、三神教（神→聖霊→神の子）の神なのか、四神教（神→聖霊→神の子→聖母）の神なのか、五神教（神→聖霊→神の子→聖母、それに神の代理人と称する教皇）の神なのか、それとも聖人や聖女たちをも神とする（聖遺物崇拝を観察すれば、それこそは聖人や聖女を神の次元にまで高めるものである）多神教の神なのかと問い、本書の読者にもそのことを考え、その上で、キリスト教は一体いかなる宗教なのかと問うてほしいと願ったが、観察するに、キリスト教が何神教なのかと問うこの問いも習俗の問題と無関係ではない。

ある習俗の集団の中にいる者にとって、キリストを神の子として拝することは自然のことであるらしい。この者たちがそれについて疑問を抱くことはない。もしかして、キリスト教的な意味での「幸せ」とはそのような状態を指す言葉であるのかもしれない。「幸いなるかな……」は彼らのためにある言葉であるのかもしれない。マリアが夫ヨセフとのセックス抜きで孕み、神の子キリストを生んだことや、彼女がキリストを生んだ後も生涯処女であり得たこと、今は天界の神の座の傍らで神や息子キリストと楽しく談笑している図像をすなおに信じられる者は「幸いなるかな……」である。カトリックの教皇の歴史を紐解けば、悪辣な教皇や、エロ気違いの、いやイロ気違いの教皇、反ユダヤ主義の教皇、異教徒たちを殺しまくった教皇、権謀術数の教皇たちが多数輩出されたことが知られるが、その事実は教えられずに、いや教えられても耳を貸さず、教皇が神の代理人だと思える者たちは「幸いなるかな……」である。そしてまた聖人や聖女の遺体や遺骨を「ああ、ありがたや」と信仰の対象として拝することができる者も、これまた「幸いなるかな……」である。

わたしは前著においてそうだったように、本書においてもキリスト教の習俗を生み出す契機となったものを観察し、その観察が本書の読者と共有できたらと願っている。本書で取り上げるのは、天使と悪魔、悪魔の誘惑と聖人、死の表象、天国と地獄などである。天使と悪魔は天地創造のときの神の産物ではない。神は創造の七日目に天使をつくり、八日目に悪魔をつくり、九日目にはじめて自分の創造したものを見ながら、「一服した」とか「渋茶を飲んで休んだ」とでも書かれてあればよりナチュラルであったように思われるが、そうは記されていないのである。創世記に天使や悪魔の創造の経緯が語られていない事実は、わたしたちを困惑させるが、その二つはオリエント的なミリュー（環境）の中でのユダヤ教の展開の過程で、どこからかそこに入り込み、さらにはキリスト教に受け継がれたものと理解するのが正しいようであるが、展開の過程では手前勝手な解釈や珍妙なる想像が入り込むのがつねであるから、天使自体が大きく変貌し、悪魔自体が大きく様変わりし、最初のものとは似て非なるものになることが多い。実際、堕天使などは神に反逆したために天界から突き落とされたようであるが、もとはと言えば、神のまわりにいて、神を警護していた軍勢の一員であったようである。しかし、天使や悪魔がどのような変貌をとげたものであれ、この二つほどキリスト教的習俗の形成に大きく関わったものはないであろう。荒れ野で修行（アスケーシス）を積もうと人里離れた聖人たちをセックスの誘惑でいたぶるのは悪魔たちである。そういえば、荒れ野に行ったとされるイエスに試練を与えたのは悪魔であるが、荒れ野は悪魔の溜まり場なのかもしれない。

キリスト教徒の死生観には悪魔ばかりか天使も登場する。

キリスト教徒の多くが無邪気に信じる復活や最後の審判にも天使と悪魔が登場する。天国を差配するのは神と、神の子と、神の子の母と、地上での素行のよかった数少ない聖職者たちであるが、そこには大勢の天使たちが登場し、運よくそこへ行けたラッキーな者たちのケアをしてくれるらしい。煉獄や地獄を差配するのも悪魔である……。もしそうであれば、そしてもし西欧のキリスト教徒の多くが今もってこうしたものの存在を信じているのであれば、天使や悪魔たちはキリスト教の習俗を知る上で欠かせないものとなる。

わたしは、前著『名画でたどる聖人たち』においてと同様、本書においても多数の図像を使用した。図像はある時代のキリスト教的習俗を反映するか、それを背景にして描かれたものだからである。もしそうであれば、キリスト教のイデオロギーに奉仕した画家たちは、たとえ稚拙なものであっても、キリスト教的習俗を知る上で貴重な資料を残したことになる。わたしたちは彼らが残した画像を媒体として、わたしたちがそうすんなりとは受け入れることができないキリスト教世界にしばし遊び、異教とは何か、異端とは何かについて、一歩か二歩身を引き、あるいは大きく身を引き、彼らとは異なる視点から考えてみたいものである。

第1講　天使の起源

――御使いと位階

はじめまして。

これから六回にわたって講義を担当させていただく多摩美術大学の秦剛平です。ひとつよろしくお願いいいたします。

みなさん方の多くは、というよりは日本人の多くは、この一か月、驚天動地の日々を送られたと想像しますが、みなさん方のご親族とか友人の中には直接の災禍を経験された方がおられるかもしれません。わたしは大地震のあったそのときは、新宿での買物が終わって甲州街道を鼻歌をうたいながら自転車で帰宅中で、環状七号線の交差点の所で立ち止まり、道路の向こう側に立っているひとりの美しい若い女性に見とれて、いや見ほれておりましたが、そのとき信号機が大きく揺れているのに気づきました。車両の整理をしている交通警察官はその揺れにはすぐには気づかなかったようで、気づいたときには慌てて車の往来をストップさせておりました。

これがわたしが体験した三・一一の出来事でしたが、家内とわたしは三日後の三月一四日にイギリスに向けて発たねばなりませんでした。オックスフォードで知り合いの教授に会う予定が組まれ、またケンブリッジではあるカレッジの学長夫妻と会食する日程が組まれていたので、旅行をキャンセルするわけにはいかなかったのです。そこでわたしたちは、日本の大災禍の報道をイギリスで後追いすることになりました。宿泊先であるオックスフォード大学のユニヴァーシティ・クラブではBBCのチャンネル80のニュース番組を付け放しにし、また町角のキオスクで手に入る読売新聞のファクシミリ版を毎朝一番で購入しておりました。そのキオスクのスタンドには毎朝、四部ばかり置かれ、一・五ポンド（日本円で二二〇円）で購入することができるのです。

日本中の人がそうであったと思いますが、あまりの災禍の大きさに茫然とし、言葉を失いました。最初の数日、死者の数が数百人規模で報道されておりましたが、地震と津波の規模の大きさからして、犠牲者は最終的に数万に上るだろうと想像できました。多くの人もそう予想したのではないでしょうか？　しかし、パニックを煽ると考えられたためでしょうか、そのようなことを口にする人が政府関係者やマスコミ関係者におりませんでした。不思議です。

連日のニュースを追っていて、わたしは自然の災禍の前には神も無力であることを改めて感じ入りました。

無力なる神です。無力であるばかりか、沈黙の神でもあります。

イギリスはまだまだキリスト教的な国だからでしょうか、東日本の災禍の光景を説明するのに特派員たちが「黙示録的光景」という表現をしきりに使用しておりましたが、わたしははっきり申し上げてその聖書的言葉の使用に違和感と不快感を覚えました。ここでの黙示録的光景というのは新約聖書の最後に置かれているヨハネ黙示録に見られる光景です。この黙示録はわたしが日頃「百害あって一利なし」と貶していている文書ですが、わたしがそのように言うのは、このような場合にもこの文書が引き合いに出され直視すべき事態を終末論的な既成観念に安直に嵌め込むからです。

わたしはこのような自然災禍の折りにこのような安易な言葉を使用するキリスト教には、この種の災禍に慰めを与える語彙がないと確信するに至りましたが、読売新聞（三月一七日付）のファクシミリ版に掲載された宗教学者の山折哲雄さんの言葉に随分と慰められた思いがいたしました。この記事をお読みになっておられない方がいると思われますので、紹介いたします。

記事のリードは「目を疑う『方丈記』の光景」です。

著者の略歴によれば、現在七九歳の山折さんは、これまでの生涯においてさまざまな災禍に直面してこられた方です。わたしは迂闊にもそのことを承知しておりませんでしたが、山折さんの一文の深い所を理解するには、その事実を承知しておく必要があります。最初の災禍は花巻市で迎えた敗戦です。山折さんはそのときに従姉妹一家を失いますが、その消息はいまだつかめていないそうです。これは多分山折さんがこれまで公けには語ることのなかった告白です。衝撃的すぎるものです。彼は次に宮城県沖地震（一九七九年）の災禍を体験いたします。彼はさらに阪神淡路の大震災をも体験いたします。そのときは京都の西郊に住んでおられたからです。

山折さんは、この三つの災禍を踏まえた上で、今回の災禍を元暦二年、すなわち一一八五年に京の都を襲った地震や、台風、飢餓などの災禍に巻き込まれて命を失った「四万二三〇〇余り」の屍の間を彷徨《さまよ》った鴨長明の『方丈記』の一節を引き合いに出し、「それにしても、こんどの惨事が引き起こした大量死と自然の猛威を前にしては、ただ首を垂れるほかはない」と言い切り、ついで鴨長明の言葉を用いながら一文を「海に流された無数の『水漬《みづ》く屍《かばね》』、山野に投げ出された無数の

『草生《む》す屍』から、その一人ひとりの魂が離脱し飛翔して、この国の山や森に鎮まることを祈らずにはいられないのである」と結ぶのです。

ここにはヨハネの黙示録に見られる言葉を弄ぶ饒舌は一切ありません。それゆえ肺腑をえぐるこの結びの簡潔な言葉には、宗教的な語彙の中にとどまりながらも、それを超える慰めがあるように思われます。わたしはこの山折さんの一文に出会って随分と慰められましたが、同時にスマトラ沖の津波（二〇〇四年）でその命を失った二〇万人以上の人たちのことを思い起こしました。わたしたちの多くは、彼の地の災禍や犠牲者のことをすでにすっかり忘れているのではないかと思われますが、あのときの落命された人たちの魂の落ち着き先はあるのでしょうか?

さて、最初の講義の冒頭で恐縮ですが、この場を借りて宣伝をさせていただきます。わたしは前期の講義で、西欧のキリスト教に登場した「聖人と聖女」を取り上げました。この講義は三月に終了いたしましたが、四月のはじめに、青土社から『名画でたどる聖人たち』と題して出版されましたので、ここに慎んでご案内させていただきます。ご承知のように、「聖人や聖女」はカトリックばかりか、ギリシア正教やロシア正教においても非常に重要な位置を占めるものです。わたしが聖人や聖女を取り上げた理由はさまざまあるのですが、そのひとつは西欧のカトリック世界は一神教の世界ではなくて多神教の世界ではないかと疑ってみたからです。多神教ではないかという疑念の中に聖人や聖女を入れてみたらどうなるか、と思われたからです。どうかみなさん方も本書をお手に取って一読し、ご批判されることを心から期待しております。

それからこれまた宣伝になりますが、平凡社から毎年出版されている『宗教と現代がわかる本』

シリーズ中の二〇一一年度版に拙論を寄稿しておりますので、機会がありましたら、こちらもご覧いただきたくお願いいたします。わたしが寄稿した一文はパレスチナ問題に関わるもので、この問題を根本から解決しようとするならば、創世記や、出エジプト記、あるいはヨシュア記などで語られている「イスラエルの子ら」の登場やカナンの地での土地取得の話を物語（フィクション）としてご破算にしなければならなくなります。なぜなら、あそこに書かれてある事柄を歴史と見なすがゆえに、パレスチナの土地問題を複雑きわまるものにしているからです。本来ならば、この問題を論じるときには、「聖地」意識における「聖性」の問題をもからめるべきだったのでしょうが、与えられた紙幅が限られていたため、それができなかったのは残念です。宗教における聖性の問題くらい厄介なものはありません。なにしろそれはつねに特定の民族のために、あるいは特定の宗教のために「特別扱い」を要求するからです。

さて前置きが長くなってしまいましたが、そろそろ今日の講義に入りたいと思います。

今日の主題は「御使いと位階」ですが、位階という言葉に注目すれば、それはキリスト教的ですが、最初に旧約聖書に登場する御使い、旧約聖書の外典文書に登場する御使い、新約聖書に登場する御使い、そして最後にキリスト教の神学の中で展開した御使いの位階についてお話しすることができればと願っております。

ケルビム——御使いの元祖？

旧約聖書の最初の書である創世記には「御使い」、ないしは「御使いの元祖」のようなものがはやくも登場いたします。

わたしが勘定するところ、少なくとも数か所はあるように思われますが、お分かりになる方がおられるでしょうか？　最初は主・神がアダムとエバをエデンの園から追放する場面においてです。そこには「御使い」の元祖となるケルビムが登場いたします。

「こうして彼（主・神）は人を追放し、生命の木にいたる道を守るため、エデンの園の東にケルビムと揺れ動く剣の炎を置いた」（三・二四）

これはヘブライ語テクストにもとづく岩波版の月本昭男訳からの引用ですが、わたしのギリシア語訳では「揺れ動く剣の炎」ではなくて、「回転する剣の炎」です。「揺れ動く……炎」と「回転する……炎」では随分と異なりますが、ここではこの細部の違いにはこだわりません。ここで注目したいのは「ケルビム」です。

主・神は、天地創造においてケルビムを創造しておりませんが、そこで創造されたはずだとしなければ、「神が創造しなかったものが突然飛び出してきて！」となり、そこまでの話の展開がおかしくなります。もっとも、ここで後の「イスラエルの子ら」、すなわちユダヤ民族の先祖たちと思われる者たちが接触したであろう周辺民族の影響を想像して、ケルビムの出現をあれこれと想像してみせることは可能です。わたしは楽園物語の展開の過程で、神が創造もしなかったケルビムが入り込んできたと想像するものです。

このケルビムはどんな形状をしたものなのでしょうか？

詩篇の八〇・一ほかでもケルビムという言葉が使用されております。詩篇の作者は、万軍の神に向かって、「イスラエルを養う方、……ケルビムの上に座し、顕現してください」と嘆願しております。

ここでの詩篇の作者は、ケルビムを、その上に神を座らせることができる物体のようなもの、神が地上に降りて来るさいに利用される物体のようなものとイメージしているようですが、そのイメージは今ひとつ具体的ではありません。次に列王記上の第六章です。列王記上の作者はそこでソロモンの神殿について描写しておりますが、作者によれば、ソロモンはオリーブ材を使用して馬鹿でかいケルビムを二体つくり、神殿の奥に置いたそうです。列王記の作者はそこでケルビムの寸法も具体的に与え、それが翼をもつ想像上の生き物としております。

月本さんはその註で「ケルビムはスフィンクスに似た想像上の生き物」と解説しておられます。「スフィンクスに似た……」としたのは、創世記の第三章の末尾で、「ケルビムがエデンの東の園に置かれた」とあるからでしょう。「生命の木にいたる道を守るために」置かれたとありますから、それは道をふさぐような形でデーンと置かれたスフィンクスのようなものとイメージされるわけです。これは可能なイメージですが、わたしはここで大英博物館に足を運べばイヤというほど見せつけられるアッシリア帝国の有翼動物像ではないかと想像したいと思います。

たとえば、これはどうでしょうか？

一九世紀に外交官としても活躍したフランスの有名な考古学者にエミール・ボッタ（一八〇二―

七〇）がおります。これは彼がイラクのコルサバードのサルゴン二世王（前七二一—七〇五）の宮殿跡で発掘して持ち帰ったライムストーンでできた人面獣の牡牛です（図1）。制作年は紀元前七一六—七一三年の間とされます。創世記の成立年代を非常に遅いバビロン捕囚時代のものとしますと、アッシリア出土のさまざまな人面有翼動物の像などは創世記のケルビムの有力候補になると思われます。

こちらはソロモンの神殿の「至聖所」と呼ばれたりする最奥の間に置かれたケルビムで、列王記の研究者たちが想像するものです（図2）。左側に立っている祭司と比較しますと、このケルビム

図1　人面の牡牛、コルサバード出土

図2　ソロモンの神殿のケルビム（想像図）

は非常に馬鹿でかいものとなります。その大きさは誇張されたものかもしれません。

このケルビムの下には契約の箱が置かれておりますが、通常、その箱の上にもケルビムが二体置かれるようで、それもここでは描かれております。契約の箱の守護神像のようなものとして置かれるのです。モーセ五書の次にくるヨシュア記によれば、エリコの町の陥落を願って町の周囲を七周したときの祭司たちが担いでいた契約の箱にはケルビムが取り付けられておりました。

ケルビムから天使へ

キリスト教のイデオロギーや信仰に奉仕した画家たちは、楽園に置かれた翼をもつケルビムから天使を想像しました。生命の木にいたる道への侵入者を防ぐためにデーンと置かれていた想像上の生き物から、一種の飛躍をへて剣を振りかざす天使をイメージしてみせたのです。剣を振りかざす行為はまさに敵に立ち向かう守護天使の役割であったはずです。

最初にお見せするのは、みなさん方おなじみのマザッチオ（一四〇一―二八）作のフレスコ画「アダムとエバの楽園追放」と題する作品で、フィレンツェのカルミネ聖堂のブランカッチ礼拝堂で見ることができるものです（図3）。ここでの御使いは剣を右手にもつ女性の御使いです。御使いはいつも着衣姿なのでしょうか？　その着衣の下の部分は、雲のように描かれており、この女御使いはその上に乗っております。

こちらはニューヨーク市立図書館のデジタル・ギャラリーから取り寄せた「アダムとエバの楽園追放」を描いた絵です（図4）。一四四五年に制作されたものです。アダムとエバはこの剣を振り

図4　アダムとエバの楽園追放、ニューヨーク市立図書館

図3　アダムとエバの楽園追放、マザッチオ

かざす女の天使により楽園から追い立てられるのです。この絵の描き手はキリスト教徒でしょうか、それともユダヤ人でしょうか？　お分かりになるでしょうか？　わたしはユダヤ人画家だと思います。エバの乳房の描き方が非常に貧弱だからです。わたしはすでに拙著『旧約聖書を美術で読む』（青土社刊）の中でユダヤ人の文書資料『タルグム偽ヨナタン』に挿入された、アダムとエバを描いた挿絵や、創世記三・八の『サラエボ・ハガダー』に見られるアダムとエバをお見せしておりますので、それらと比較してみてください。どれもこれもエバの乳房は貧弱です。

ここで楽園について余計なことを申し上げます。

画家たちは次第に楽園のイメージをより具体的なものにしていきます。楽園追放の絵ではしばしば創世記には見られない門口が描かれます。イタリアの彫刻家ヤコポ・デラ・クエルチア（一三七四—一四三八）がサン・ペトローニオ大聖堂の正面入り口の大理石の側壁に施した浮彫細工です（図5）。制作年代は一四二四—二八年ころとする美術史家もおりますし、一四二五—三五年ころとする史家もおります。

楽園の門口の左右から塀が伸びてぐるりと回っている絵も数多く描かれます。これはランブール兄弟制作の時祷書からのものです（図6）。ここでの神には光輪が描かれておりますから、キリスト教化されております。「神のキリスト教化」は図像学上ないしは神学上の大きな研究テーマとなるはずですが、こういう根本的な事柄を問題にする研究者が日本に現れないのは寂しいことです。

ところでここでみなさん方にお伺いいたします。創世記の「楽園」と「天国」は違うものなのでしょうか？　もちろん二つは違うものでしょう。しかし、楽園に門口がある以上、また楽園からア

図5　アダムとエバの楽園追放、ヤコポ・デラ・クエルチア

図６　楽園でのアダムとエバ、そしてそこからの追放、
ランブール兄弟『ベリー公の豪華なる時祷書』

ダムとエバを追放する以上、楽園にはそれをぐるりと取り囲む塀がなければおかしなことになりますが、この塀のイメージは天国からきているのではないでしょうか？　天国の塀のイメージは多分イエスがペトロに与えた天国の鍵に由来するものと思われます。鍵がある以上門口を想像せねばならず、門口を想像する以上、塀を想像しなければなりませんが、創世記の楽園の塀は天国の塀のイメージに由来するものではないでしょうか？

アブラハム物語に登場する天使

創世記で語られているいくつかの父祖物語の最初に登場するのはアブラハムです。

創世記の第一二章以下で語られるアブラハム物語によれば、彼は一族郎党を引き連れ、全財産を携えてハランの地からカナンの土地に入って行きます（図7）。彼は九九歳のときに子が授かることを主から告げられますが、彼とその妻サラはその受胎告知に半信半疑です。彼は呻くようにして言います。「百歳の自分に子供が生まれようか。九〇歳のサラに子供が生まれるだろうか」（一七・一七）と。当然の呻き声ではないでしょうか？

ある日のことです。

三人の男が天幕にいるアブラハム（アブラム）のもとを訪ねてきます。アブラハムとサラは彼らを饗応するのですが、そのとき三人の男のうちの一人がアブラハムに向かって、来年になればサラが間違いなく子を産むと請け合うのです。

ここでの三人の男は「神の御使い」として描かれます。それは多分、この物語が展開する第一八章の冒頭に「主はマムレの樫の木のところでアブラハムに現れた」と書かれているからだと思われます。アブラハムとサラが御使いを饗応する場面は画家たちによって描かれてきました。その際「神の御使い」には、神から遣わされた者であることを示すために光輪が描かれるか、翼をもつ者として描かれます。もちろん、光輪と翼の場合もあります。

最初の画像はイタリアのラベンナに六世紀につくられたサンヴィターレ聖堂で見ることができるモザイク画です（図8）。この聖堂はラベンナに行かれる方であれば、必ず訪れる場所のひとつですから、そこで目にするものです。中央の半円形の中には二つの場面が描かれておりますが、ここで関係するのは食卓の前に座る三人の御使いです。右側のイサクを屠ろうとしているアブラハムの絵は無視してください。ここでの三人の御使いには光輪が描かれております。光輪は、この場面がキリスト教化されていることを示します。そもそもユダヤ教の絵画的表象は多くないのですが、ユダヤ教の絵画で聖書に登場する人物に光輪が描かれることはあるのでしょうか？　わたしの記憶ではありません。ここでの半円形の上には光輪と翼をもつ二人の天使が描かれておりますが、この天使自体が、そしてまた彼らが支えもつ虹か何かの円環の中に描かれた十字架もまた、この場面がキリスト教化されていることを示します。左上には預言者エレミアが描かれておりますが、彼の頭にも光輪が認められます。旧約聖書の預言者たちもキリスト教化されることがあることは覚えておいてください。

こちらはロシアの第一級の美術館とされるモスクワのトレチャコフ美術館に収蔵されている、ロシア正教の修道士アンドレイ・ルブリョフ（一三六〇ころ―一四三〇）が制作した有名なイコンです

図7　カナンに向かうアブラハム、ヨゼフ・モルナール

図8　アブラハムと三人の御使い、サンヴィターレ聖堂

図９　旧約の聖三位一体（至聖三者）、アンドレイ・ルブリョフ

図10　アブラハムの前の三人の御使い、作者不詳

（図９）。縦一一四センチ、横一一二センチのテンペラの板絵です。こちらには、確か、日本語では「旧約の聖三位一体」とか「至聖三者」という題が付けられていたと記憶しますが、この絵の中の三人は光輪と翼をもつ天使です。ここに三位一体を認めて、「えー左が神で、中央が神の子で、右が聖霊ですよ」と説明されても、わたしのような不信仰な者には、その説明は、分かったようでよく分からないものですが、ロシアに行く機会があれば、これは一度は目にしたい宗教画のひとつです。このイコンの前でしたら、何時間でも立ち尽くすでしょうね。このごろどういうわけか、油絵の宗教画に引かれることは少なくなりました。一万点以上の宗教画と称する油絵を整理・検討していて、目下、わたしの頭はおかしくなりつつあるようで、先日も友人の美術史家に「西欧のキリスト教絵画にロクなものはない」と、口にしてはいけないこ

図11　アブラハムの前の三人の御使い、ヘルブラント・ファン・デン・エークハウト

図12　アブラハムと三人の御使い、ジェイムズ・ティソ

とをポロリともらして顰蹙を買いました。

こちらのイコンに認められる三人の御使いには光輪と翼が認められます（図10）。この三人の御使いの背後にはアブラハムとサラが描かれております。二人にも光輪が描かれてキリスト教化されております。このイコンをルブリョフのイコンにかぶせて、「左は神で、中央はキリストで、右は聖霊で……後ろはマリアとヨセフです」と説明できるのかどうか、知りたいものです。

こちらはイコンではありませんが、アブラハムの前の三人の御使いには大きな翼が認められます（図11）。オランダの画家ヘルブラント・ファン・デン・エークハウト（一六二一―七四）が描いたものです。テントが立派な石造りの建物に変えられ、アブラハムの連れ合いの姿が玄関口に認められます。アブラハムはノマド姿で描かれるのではなく、立派なターバンを巻いた社会的な成功者として描かれております。それにしても百歳でこの元気です。これならば、マカでも使えば何とかなるのではないか……などとつい余計な想像をしてしまいます。この宗教画の様式にはレンブラント的なものがあるように思われたので調べてみたところ、この画家はレンブラントのもっとも近しい友人のひとりでした。こんなことをわたしは知らなかったのです。お恥ずかしい。

こちらは天幕の中で横たわっているアブラハムを訪ねてくる三人の男を描いたフランスの画家ジェイムズ・ティソ（一八三六―一九〇二）の挿絵的な絵です（図12）。わたしはシリアやイスラエルでベドウィンの天幕で何度も食事をしたことがありますので、何となくですが、天幕には親近感をもちます。三人の男には光輪も翼も認められません。ここでのティソを挿絵画家と見なすならば、彼は創世記の記述の文言に非常に忠実ですが、これは印刷術発明以降の聖書などの挿絵画家一般に

図 13　荒れ野のハガル、ジョバンニ・ランフランコ

図 14　荒れ野のハガル、アンドレア・サッキ

ついて言えることではないかと思います。挿絵には本文が付くのですから、画家の想像力も大きな制約を受けるのです。このことは聖書の本文に挿絵を入れた子供の絵本についても言えることで、最近、印刷術発明後の早い時期にまで遡る絵本の歴史に関する書物を読んでいて教えられました。

父祖のアブラハム物語では他にも御使いが登場する場面があります。

創世記二一・九以下によれば、アブラハムとサラの間にイサクが誕生すると、アブラハムはエジプト人女のハガルと彼女が彼のために生んだイシュマエルを追い出してしまいますが、食糧や水が尽きて荒れ野の中で途方に暮れ死を待つばかりのハガルに声をかけるのは天から降りてきた「神の御使い」です（二一・一七）。また創世記二二・九以下によれば、アブラハムが少年イサクを縛り祭壇の上にのせ焼き尽くす献げ物として神に捧げるために刃物を振りかざそうとしたとき、「ちょっと待て。おまえが神を畏れる者であることが分かった」と声をかけたのは天から降りてきた「主の御使い」です（二二・一二）。ここでの「神の御使い」や「主の御使い」は翼をもつ天使として描かれます。

次にお見せするのはジョバンニ・ランフランコ（一五八二―一六四七）が描いたもので、「荒れ野のハガル」と題するものです（図13）。ここでの「神の御使い」は大きな羽根をもつ少年です。少年天使です。ハガルの前にイシュマエルが描かれていないのは、ハガルが「わが子が死ぬのを見るにしのびない」と言って、わが子から「矢の届くほどの距離」（二一・一六）にいたからです。天使はハガルに向かって荒れ野の中の井戸の在りかを指さしております。人間は水さえあれば一か月は大丈夫ですから、これで一安心です。

図16　御使いと少年イシュマエル、ジェイムズ・ティソ

図15　荒れ野のハガル、マルカントニオ・フランチェスキーニ

次はイタリアの画家アンドレア・サッキ（一五九九—一六六一）が描いたものです（図14）。ここでの「神の御使い」は若い男の天使のようにも見えますが、首飾りをしているところから判断すると、若い女の天使かもしれません。余計なことを申しますと、ある研究者は、ここで描かれているハガルとイシュマエルが若すぎるところから、そしてまたハガルの手元にイシュマエルが置かれている不自然さから、この絵はエジプトへ逃避行する聖母マリアと幼子イエスを描いているのではないかと想像します。確かに、創世記の物語からすると、アブラハムのもとから追い出されたハガルはそれ相応の年齢に達しており、イシュマエルはすでに少年になっておりますから、そしてまた御使いが現れたときのハガルは「矢の届くほどの距離」にイシュマエルを置き去りにしているのですから、この絵にハガルとその子イシュマエルを見るのは困難かもしれませんが、ただエジプトへの

逃避行の図ですとマリアの連れ合いのヨセフが描かれていなければおかしなことになります。もしかして、ここでの御使いは井戸の在りかを指し示しているのではなくて、「ヨセフはあちらに水汲みに行きました」とか何とか彼女に告げているのかもしれません。

次はどうでしょうか？

イタリアのバロック期の画家マルカントニオ・フランチェシニ（一六四八―一七二九）が描くハガルと少年イシュマエルです（図15）。ここでの「神の御使い」は若い男の子であり、その羽根を生かして空中に浮遊しながらハガルに水の在りかを教えようとしております。この御使いの下には雲の塊がいくつか描かれておりますが、それは御使いとハガルの間には距離があることを示そうとしているようです。水筒のような容器が横たわっており、水が尽きていることが示されております。こちらは先ほどお見せしたジェイムズ・ティソの別の絵です（図16）。その髪型からして、ここでの御使いは女性のようです。この御使いはまた、ハガルと比較して、非常に大柄な女性です。ここでのハガルは立派な少年であり、革袋か何かを井戸の中に落として水を汲み上げようとしております。映画『アラビアのロレンス』ですと、他部族の者の井戸から無断で水を汲み上げれば、即射殺でしたが、ここでのハガルは御使いが見張っていてくれるせいでしょうか、その心配はご無用のようです。

イサクを神に捧げようとしている絵をお見せいたします。

カラヴァッジオ（一五七一―一六一〇）の有名な絵はすでに拙著『旧約聖書を美術で読む』（青土社刊）でお見せしているので、ここでは取り上げません。お見せするのは、建築家でもあったイタリ

図 17　イサクの奉献、チゴリ

図 18　イサクの奉献、ドメニキーノ

アの画家チゴリ（一五五九―一六一三）が一六〇七年ころに描いたものです（図17）。ここでの御使いは少年天使です。アブラハムはこの少年天使に目をやっているのではなくて、天使を遣わした神の方に目をやっております。イサクの右下には犠牲となる羊が描かれております。

次はイタリアの画家ドメニキーノ（一五八一―一六四一）が描いたものです（図18）。ここでの天使もイサクと同じ年齢くらいの少年です。天使はイサクにむけて剣を振りかざそうとしているアブラハムの右手の上に自分の右手をおいて、その性急なる行動を制止させようとしておりますが、その必死さ加減はあまり見る者に伝わってはきません。

以上お見せした以外にも、創世記には御使いがまだまだ登場いたします。たとえば創世記二八・一〇以下で語られている、ハランに向かう途次のヤコブがベテルで見た夢です。彼が見た天にまで達する梯子の上を「神の御使いたち」が降りたり昇ったりしておりますが、ここでの御使いたちはつねに翼のある天使として描かれております。途中で足を外して梯子から落ちそうになっても翼を少しばかりばたつかせればよいのですから、見ていて安心です。創世記三一・一一では、「ベテルの神」が「神の御使い」の姿でヤコブにラバンのもとから去るようにと忠告いたします。創世記三二・二によれば、ラバンのもとから離れて旅をするヤコブに「神の御使いたち」が現れております。創世記三二・二三以下で語られている、ヤボクの渡しでヤコブが格闘したものは「神の御使い」だとされております。

創世記以外では

創世記の父祖物語やその他の物語では結構な数の場面で「神の御使い」や「主の御使い」が登場しますが、これらはいずれも天使として描かれております。創世記と比較しますと、その出現の頻度はガタ落ちとなりますが、それでも出エジプト記や、民数記、ヨシュア記、士師記、サムエル記下、歴代誌上・下、列王記上・下などでも「御使い」や「御使いたち」はそれぞれ一回から三回登場いたします。バビロン捕囚時代以降の作品とされるエゼキエル書やゼカリア書でも結構な数登場いたしますが、創世記などもバビロン捕囚時代の作品であるとする有力な学説もありますから、「御使い」の概念は、バビロンで持ち込まれたケルビムの延長上にあるものとして捉えるのがよいのかもしれません。

イザヤ書のセラフィム

イザヤ書六・一―七に、キリスト教の絵画においては「天使のひとり」、「天使の変種」、「別格の天使」として扱われるセラフィムが登場します。

みなさん方の中にイザヤ書を聖書の中の愛読書のひとつとして読まれている方がおられるでしょうか？　あ、ひとりもおられませんね。旧約聖書はなるべく読まないことにしている、うーん、これもひとつの立派な見識であり、わたしも異議申し立てをいたしませんが、ここではイザヤ書の冒頭を読んでみましょう。イザヤは紀元前八世紀のユダ王国のアハズ王の治世に活躍した預言者です。

「ウジヤ王が死んだ年のことである。
わたしは、高く天にある御座（みざ）に主が座しておられるのを見た。衣の裾は神殿いっぱいに広がっていた。上の方にセラフィムがいて、それぞれ六つの翼を持ち、二つをもって顔を覆い、二つをもって足を覆い、二つをもって飛び交っていた。彼らは互いに呼び交わし、唱えた。

『聖なる、聖なる、聖なる万軍の主。
主の栄光は、地をすべて覆う。』

この呼び交わす声によって、神殿の入り口の敷居は揺れ動き、神殿は煙に満たされた。……」

（六・一―四）

ここでのセラフィムは単数形サラフの複数形です。ですから「サラフたち」の訳語を与えても構いません。ちょうどケルビムを「ケルブたち」と言っても間違いでないのと同じです。

このサラフ（セラフィム）は民数記二一・六―八（「炎の蛇」）、申命記八・一五（「炎の蛇」）、イザヤ書で四回（六・二―六、一四・二九＝炎、三〇・六＝炎の蛇）登場いたします。そしてまた紀元前二世紀のエノク書や、キリスト教徒がいまだ愛読する、わたしが「百害あって一利なし」と公言してはばからない紀元後一世紀末のヨハネ黙示録（四・四―八）にも登場いたしますが、神学者や画家たちがセラフィムをイメージするときには、今読み上げたイザヤ書第六章の言葉を手がかりにするようです。そこでは翼が六つあるところから、セラフィムは「六翼天使」と呼ばれたりしますが、通常、「熾天使」の難しい訳語が与えられます。六翼天使ですと、「へー、随分と翼の多い天使だ、普通の三倍だ」と驚嘆できますが、それに「熾天使」の訳語を与えられますと、何を想像して吃驚すればいいのか分からず困ります。

最初にお見せするのは一四世紀につくられた『ベリー公の豪華なる時祷書』の挿絵に見られるセ

図19　セラフィム、ランブール兄弟『ベリー公の豪華なる時祷書』

ラフィムです（図19）。イザヤ書の記述に忠実で、忠実であるだけにケッタイです。天的な生き物、天的な未確認浮遊物体です。このサラフたちの頭に光輪が描かれてキリスト教化されております。聖人扱いなのです。二人のサラフたちの間には神が描かれておりますが、この神にも十字架入りの光輪がつけられ、またその左手に置かれている球体（＝地球）の上にも十字架が描かれております。左上の隅に目をやって下さい。飛来してきた聖霊を表す鳩にも十字入りの光輪が描かれております。いっそのことサラフたちの光輪にも十字を入れればよかったと思われます。その手抜き作業が惜しまれます。

セラフィムは聖母子像にも登場することがあります。フィレンツェのウフィツィ美術館で展示されているサンドロ・ボッティチェリ（一四四四―一五一〇）が描いた「セラフィムと一緒の栄光の中

図20　セラフィムと一緒の栄光の中の聖母、サンドロ・ボッティチェリ

の聖母」と題するテンペラ画がそうです（図20）。サラフたちが大勢描かれ、彼らが聖母の「身光」を構成しております。わたしの美的感覚からすればこの絵は身光がゴテゴテしすぎて醜悪なものですが、みなさん方の審美眼はこの絵を受け入れるでしょうか？

こちらも同じくボッティチェリが描いた醜悪に感じてしまうテンペラ画で、ウフィツィ美術館で見ることができます（図21）。やはりゴテゴテですが、説明したい箇所がいくつかあります。この絵はその死後天に昇って行った聖母マリアが神から冠を授けられようとしている場面を描いたもので、「聖母の戴冠」と題する作品です。神と聖母の上を半円形状にサラフたちが大勢描かれており、さらには二人の下の半円形状の部分にも大勢の若い女性の天使が描かれております。天使たちはいずれも両隣の天使と手を取り合って、天界でスキップしながら踊っております。左の中程に描かれた天使は赤と白のバラの花束を手にしております。天界にも花園か何かがあるようです。マリアの戴冠式ですから、少年の天使たちも大勢描かれてもよかったと思われるのですが、彼らには出番は与えられていないようです。天界はもしかしたら性差別のある特殊な世界であるかもしれません。この絵の中の女性の天使のスキップ姿を見ていると、同じボッティチェリが一五〇〇年ころに描いた「神秘の降誕」と題する絵を思い起こします。あそこでも女性の天使たちが手を繋いでスキップしております。こちらも絵の色彩は美しいのですが、すべて雑然としていて、醜悪です。

図21に戻ります。ここでの神は三重冠（＝教皇冠）をかぶっていることにご注意願いたいのですが、わたしはすでに『旧約聖書を美術で読む』（青土社刊）の中で、教皇冠をかぶった神、すなわち教皇自身が天地創造やアダムとエバの創造に与ったりしている図像を紹介しておりますので、そち

図 21　聖母の戴冠、サンドロ・ボッティチェリ

らをもご覧下さい。中世のキリスト教絵画では、神がキリスト教化している、いや教皇が神になっている絵画が掃いて捨てるほどありますが、この絵もその一枚なのです。ですからこの絵を見るときの作法は、教会が教皇権を皇帝権よりも上位に置いた事態を背景に置くことではないかと思います。

この絵が示す地上では四人の聖人が描かれております。

だれがだれであるかお分かりになるでしょうか？　最初にご紹介させていただいたように、わたしは最近『名画でたどる聖人たち』と題する書物を青土社から出版しておりますので、そちらでの説明を頭にたたき込んでおいてくだされば、およその見当はつくと思います。

あ、まだお買い上げいただいておらないのですか？

それではご説明いたします。左からいきますよ。左が福音書記者のヨハネです。洗礼者のヨハネが聖人としてしばしば登場しますが、この人物は書物（福音書）を右手にしておりますから福音書記者ヨハネと福音書記者ヨハネを混同していなければ、この人物は書物（福音書）を右手にしておりますから福音書記者ヨハネだとしなければなりませんが、中世においてはまだまだ福音書記者ヨハネがパトモス島で黙示録を書いたヨハネの黙示録の著者ヨハネと混同されておりましたから、最終的な判断は保留にしておきます。ヨハネの右に描かれているのは三人の教会教父たち、わたしの言葉で言えば三人の教会の物書きたちです。左から右に聖アウグスティヌス、聖ヒエロニムス、そして聖エリギウスです。わたしは聖人・聖女に関する本では聖エリギウスを取り上げなかったので、ここで一言だけ説明しておきます。この人物は北フランスのノワヨンで宣教した七世紀の司祭で聖人です。パリに修道院を建てたことでも知られ、またゲルマン人をキリスト教に改宗させたことでも知られております。

この絵の中では聖アウグスティヌスと聖エリギウスだけが司教冠をかぶり、しかもエリギウスだけが牧杖と呼ばれる司教杖を手にしており、彼の目だけがこの絵を見るエリギウス礼拝堂の信者たちに向けられております。ここではボッティチェリの心憎いサービス精神を読み取るべきかと思われますが、もしかしたら注文主が口うるさく、それに屈したことを示しているのかもしれません。節操のない絵描きなどは掃いて捨てるほどいるでしょうが、それは多分現代でも変わりありません。わたしの知っているA画伯、B画伯、C画伯……の表の顔と裏の顔が思い浮かびます。もちろんわ

図22　セラフから聖痕を受ける聖フランチェスコ、ジョット

図 23　聖フランチェスコの言い伝え、ジョット

たしが応援するのは権威などに右顧左眄しない絵描きです。若手の女流画家のSさんです。ポルトガルで目下研鑽中の中堅版画家のM氏です。先日東郷美術館で個展を開かれた愛知のH画伯です。

次にセラフと聖人を描いて有名な場面をご紹介します。

聖人の聖フランチェスコ（フランシス）がセラフから聖痕を受けている場面です（図22）。ジョット（一二六六―一三三七）がアッシジの聖フランチェスコ聖堂の上部教会の礼拝堂のために描かれたもので、制作年代は一二九七年から一三〇〇年までのある時期とされます。この絵の背景にあるのはヤコブス・デ・ウォラギネの『黄金伝説４』（平凡社刊）の「聖フランキスクス（＝フランチェスコ）」です。それによれば、あるときフランチェスコは夢を見ます。十字架につけられたひとりの熾天使（セラフ）が現れ、彼の体にキリストの磔刑の傷痕を押しつけてきたので、彼自身が十字架に架けられたかのように感じたと言うのです。そしてキリストの聖痕が彼の体の左右の手足と腹に付けられたと申し立てるのです。夢の中の話が現実の出来事に転化されておりますが、この場面が絵にされ、この場面に熾天使が登場するのです。

ジョットが描いたもうひとつの「聖フランチェスコの言い伝え」と題する作品もお見せいたします（図23）。こちらの方が分かりやすいかもしれません。ここでの熾天使は十字架入りの光輪を頭につけておりますから、明らかにキリストでもあるのです。いずれにしてもこんな絵がもてはやされたのですね。ジョットばかりか、ヤン・ファン・エイクも一四二八―二九年に、ゴッツォリは一四五二年に、アルトドルファーは一五〇七年に、エル・グレコは一五八五―九〇年に、ルーベンスは一六一六年に聖フランチェスコの聖痕を描き、似たような熾天使を登場させております。

旧約聖書外典に見られる天使

次は旧約聖書の外典文書です。

旧約の外典文書とは旧約の正典文書を決定するときにそれに組み込まれなかった文書を指します。新共同訳聖書の中では「旧約聖書続編」として入れられている文書です。続編文書だからといってバカにしてはなりません。そこでの文書は、二、三の例外はあるものの、ヘレニズム・ローマ時代にパレスチナで書かれたものだけに、旧約時代から新約時代に橋をかけるものとなっております。死海文書もこの時代のユダヤ教の一端を知る上で大切なものですが、それ以上に重要なのが旧約外典です。昔神学大学で講師をしていたとき、旧約聖書の外典と偽典文書を教えましたが、神学生のほとんどすべてが旧約聖書の外典文書や偽典文書を重要なものだとは考えず、新約聖書をまず学び、次に旧約聖書を少し学べば十分だと考えていることに驚きました。神学生にはもっと知的好奇心をもっていただきたいと願っております。

さて旧約外典の中にも天使が登場しますが、みなさん方でしたら最初に思い浮かべる文書は何でしょうか？　旧約続編の冒頭に置かれるトビト記ではないかと思われます。

物語は短いものなのでここでは紹介しません。新共同訳をお読みください。この書が何の目的で書かれたかなどについてはわたしが著した『旧約聖書続編講義――ヘレニズム・ローマ時代のユダヤ文書を読み解く』（リトン刊）をお読みください。かなり丁寧に解説しております。

この物語においては天使が登場する場面はいくつかあります。最初はメディアのラゲスと呼ばれ

図24　トビアスと天使、アンドレア・デル・ヴェロッキオ

る土地に金を取りに行く息子トビアスのもとに天使ラファエルがアザリアの名のイスラエル人の姿で登場する場面です。次は道中のトビアスの道案内人を買ってでる場面です。……

ここでは天使がトビアスに付きそう場面です。

最初にお見せするのはアンドレア・デル・ヴェロッキオ（一四三五―八八）の描く「トビアスと天使」と題する作品です（図24）。制作年代は一四七〇―八〇年です。みなさん方の多くはこの小振りの作品をロンドンのナショナル・ギャラリーでご覧になっているはずです。右がトビアスで、左が天使のラファエルです。この天使の頭には光輪が描かれておりますから、この天使は立派なキリスト教の聖人でもあるのです。キリスト教の聖人は必ずしも新約聖書以降の人物でなくてもよいこと、旧約に登場する人物でも構わないこと、そして天使や熾天使であっても構わないものであることなどなどは知っておいてください。

さて物語によれば、ある日の夕方トビアスと道案内人のラファエルの二人はティグリス川にさしかかり、川の畔で夜を明かすことになります。そのとき、大きな魚が川の面から飛び上がってトビアスの足を一呑みしようとしたというのです。ここでのトビアスが左手にもつ川魚は小さすぎますが、魚はトビアスを描くときのアトリビュート（属性）です。画面の右上と左片隅に蛇行する川が二つ描かれております。どちらか一方をティグリスとすると他方はユーフラテスであり、二人はこの二つの川が合流する辺りを歩いているのだなとか、ヴェロッキオにはオリエントの知識が少しばかりあるのだな、と楽しく想像することができます。この絵とアントニオ・デル・ポライウォーロ（一四三二ころ―九八）が一四六〇年ころに制作した「トビアスと御使い」と題する作品との関係が云々

図25　トビアスに同行する三大天使、フランチェスコ・ボッティチーニ

されることがありますが、わたしはそれよりもフィレンツェの画家フランチェスコ・ボッティチーニ（一四四六―九七）が描いた「トビアスに同行する三大天使」の中のラファエルとトビアスと比較したくなりますが、どうでしょうか？

これがそうです（図25）。

画面の右に描かれているのはガブリエルで、白百合の花を一本右手にもっております。左の天使は甲冑で身を固めておりますから、ミカエルです。それにしてもなぜここで物語が述べてもいないガブリエルやミカエルを登場させたのでしょうか？　もちろん、ここでのガブリエルは洗礼者ヨハネを生むことになるエリサベトの連れ合いであるザカリアに現れ、またおとめマリアのところに出かけて「おめでとう、恵まれた方。主があなたと一緒におられる」（ルカ一・二八）と切り出して、彼女が身籠もったことを告げたあのガブリエルです。ここでのミカエルは最後の審判のときに天秤で人の罪業と善行を測るあのミカエルですが、トビト記によれば、トビアスはラファエルの指示にしたがって、ラグエルの家に入りますと、彼に娘との結婚を申し入れ、彼女と結婚し、両親が待ちわびる故郷に連れ帰るのです。ここでのガブリエルはトビアスがこれから結婚することを示し、その白百合はトビアスが結婚する相手が処女であることを暗示いたします。

ここに描かれている三人の天使の背後には「聖三位一体」の神学があるようです。ユダヤ教において七や、一二、四〇などが聖数で、キリスト教はそれらを引き継ぎましたが、キリスト教にとって「三」は別格の数なのです。実際、ある解説書によりますと、一五世紀のフィレンツェでは「三大天使」がとくに崇敬の対象になったそうです。そう指摘されれば、一五世紀の後半に描かれた

図 26　聖三位一体、ボッティチェリ

図27　聖三位一体（部分）、ボッティチェリ

フィリッピーノ・リッピ（一四五七―一五〇四）の「三人の大天使と若いトビアス」や、ネリ・ディ・ビッキ（一四一八―九二）の「トビアスと三人の大天使」などが思い起こされます。リッピの絵の中のガブリエルは白百合を手にしているのはいいのですが、この天使の腹が少しばかりですがせり出しているのには、マリアの腹がやがてせり出すことを暗示するのかもしれません。笑ってしまいます。

フィレンツェのボッティチェリも「聖三位一体」と題する絵の下の部分にトビアスとラファエルを入れております。これは全体図で非常に醜悪なものですが（図26）、こちらは醜悪ではない部分です（図27）。これはロンドンのサマーセットハウスの小さな美術館、コートルード美術研究所が展示するものです。わたしはこの美術館の名前を正しく発音できないで困っております。今度ロンドン大学で日本学を講じているタイモン・スクリーチに会ったら、正しい発音を教えてもらおうと思います。画面の上方の五分の四の部分には御使いが身光となって父なる神を取り囲んでおります。なにか生気のない神です。こんな神が近づいてきたら、みなさん方でも「オー・ゴッド」とか何とか言いながら、避けて通るのではないでしょうか？　十字の右には洗礼者のヨハネが、そして左には『黄金伝説』にもとづいて毛衣を着たマグダラのマリアが描かれております。それにしてもなぜこの「聖三位一体」にトビアスとラファエルなのでしょうか？　それについてはいろいろと書かれているでしょうから、いつかまとめて目を通してみようと思います。わたしはこの絵を見ると、ヨルダンの国の荒れ地の中を旅していて突然現れた馬鹿でかいコカコーラの看板を思い起こしてしまいます。砂漠の中の道にこんな看板が現れ、十字架の横棒部分に「汝、悔い改めよ」なんて書かれてあったら、間違いなくハンドルを切り損なって、砂漠に突っ込むことになると思われます。

新約聖書の天使

次は新約聖書です。

世の中には暇人と言いましょうか、物好きと言うべきなのかもしれませんが、新約聖書に御使いが何度現れるのか調べた人がおります。もっともコンコーダンス（用語索引）か何かで調べれば一発で分かるのでしょうが、とにかくその人が数えたところによると全部で一七回だそうです。そのいくつかを取り上げてみようと思います。

最初は洗礼者ヨハネを生むことになるエリサベトの連れ合いである祭司ザカリアがエルサレムの神殿で奉仕の仕事をしていると、「主の天使」であるガブリエルが彼に現れ、エリザベトとザカリアの二人が子に恵まれ、この子は将来うんたらかんたらになると告げます。

画像をお見せいたします。

これはイギリスの画家ウィリアム・ブレイク（一七五七―一八二七）が一七九九年から一八〇〇年にかけて描いた「ザカリアに現れる天使ガブリエル」と題する作品です（図28）。ニューヨークのメトロポリタン美術館で展示されております。右に立っているガブリエルが手にしている棒は何でしょうか？　洗礼者ヨハネの誕生を暗示する十字架棒でしょうか、それとも司教や教皇が手にする司牧杖なのでしょうか？

ルカ福音書一・五以下によれば、ザカリアは一介の当番制の祭司にすぎませんが、ここでの彼は一二部族を示す一二個の石の入った胸当てのついた祭服を身にまとった大祭司として描かれております。そればかりか、彼はキリスト教側の司教冠をかぶせられてキリスト教化されております。彼の仕事は聖所で香をたくことでしたから、彼は香の壺を手にしておりますが、その仕事は大祭司の仕事ではありません。

大祭司をキリスト教化した絵はそれこそ掃いて捨てるほどあると思います。ドメニコ・ギルランダイオ（一四四九―九四）もザカリアに顕現する御使いを描いておりますが、こちらの絵は、子に恵まれないために神殿への入場を拒否されるヨセフの絵と対照させると面白いかもしれません。

天使が子の誕生を不妊の女に告げるのが受胎告知ですが、もうひとつの受胎告知があります。男を知らない処女に告げる場合です。こちらの方の受胎告知と言えば、これはもうフラ・アンジェリコやフラ・フィリッポ・リッピです、みなさん方はすでにこれらの画家にはお馴染みですので、ここではこの二人以外の作品をお見せいたします。

これはカラヴァッジオが一六〇八年から翌年にかけて描いたものです（図29）。フランスのナンシーの美術館で見ることができます。ここでの天使は後ろ姿で描かれているため、男女の区別はつけがたいのですが、この天使の右腕や右足を拡大してみますと、少年の天使であるようです。この

図28　ザカリアに現れる天使ガブリエル、ウィリアム・ブレイク

図29　受胎告知、カラヴァッジオ

図30　オリーブ山での祈り、アンドレア・マンナテーニャ、1460年代

絵には「受胎告知」を描いている他の絵と違う点があるように思われます。それは「受胎告知」を御使いから受ける女性が少しも嬉しそうな表情をしていないことです。もしかして彼女は、生理がとまり、何か深刻な事態が身に起こりつつあるのを自覚しているのかもしれません。

マタイ福音書によれば、「主の天使」は三度ばかりヨセフにも現れます（一・一八、二・一三、二・一九）。いずれの場合も、天使は夢の中で顕現し、いろいろとお告げをするようです。ヨセフは自分で物事を判断する力はないようで、夢の中のお告げ頼みです。こんなところからも彼が福音書の中で影が薄い人物とされているのかもしれません。

主の天使たちは羊飼いたちにも現れて救い主の誕生を告げます（ルカ二・八以

図31　オリーブ山での祈り、アンドレア・マンナテーニヤ、1470年代

下）。イエスとの最初の関わりでは、荒れ野での悪魔の誘惑の場面ですが、そこでの主役は悪魔であって天使ではありません。イエスの宣教活動中に天使が現れないのは注目してよいことかもしれません。イエスには居眠りなどして夢を見ている暇などなかったからかもしれません。

イエスは十字架に架けられる前にオリーブ山で祈ります。マルコ一四・三二―四二によれば、イエスに同行する弟子はペテロ、ヤコブ、ヨハネの三人ですが、この三人の弟子はイエスが必死になって祈っているときに高いびきです。ルカ二二・四三によれば、天使はオリーブ山で祈るイエスに天から現れて彼を力づけます。

イタリアの画家アンドレア・マンナテーニヤ（一四三一―一五〇六）の作品を二点ばかりお見せいたします。こちらは彼が一四六〇年代に制作したものです（図30）。画面左上の天使は五人ですが、中央の天使は十字架を立てております。その左隣の天使はイエスが笞打ちのために縛り付けられる柱を立てております。どう見てもこの天使たちの一群はイエスに向かって、彼がこれからこうむる運命を指し示しております。こちらはそれから一〇年後の一四七〇年代に制作したものです（図31）。ここでのゲッセマネの様子はがらりと変わります。三人の弟子には光輪は描かれておりません。祈るイエスに現れる天使は僅か一人です。

イエスが十字架に架けられる場面には天使は登場いたしません。わたしたちはすでに腕力のある天使などを見てきましたし、甲冑に身を固めたミカエルなどを見ましたので、そうした天使が登場して、十字架に架けられたイエスを奪還してみせる場面などがあっても面白かろうと想像しますが、それがないのです。ザンネンです。

天使が次に現れるのはイエスが墓の中から復活するときです。福音書によれば、「主の天使」は天から降りてきて、墓の「石を脇に転がし、その上に座った」（マタイ二八・二）ばかりか、墓の様子を探りにきた女たちに向かって、イエスが復活してガリラヤに向かうと告げたりします（同書二八・六、マルコ一六・五―六）。その天使とは石を転がすことができるほどの力をもち、これからのイエスの行動の先を読む力をもつ者でもあったらしいのです。

二点ばかり面白い作品をお見せいたします。

最初はハンス・メムリンク（一四四〇ころ―九四）が描いた三連祭壇画の右パネルに描かれた「復活」と題する作品です（図32）。イエスの石棺は横型が圧倒的に多いのですが、ここでの石棺は縦型で、イエスは見張りの兵士たちが眠りこけている間にそこから抜け出しております。天使はイエスの石棺が入っていた岩穴の石扉を両手で押さえております。ということはここでの天使はイエスの復活の目撃者とされております。左側の中段上には、イエスの様子を見にやって来た女たちの一団が描かれております。

次は作者不詳のものです（図33）。構図的にはメムリンクの「復活」と非常に似ております。似ているどころか、そちらのパクリであるかのような印象をこの絵を見る者に与えます。なにしろ制

図32　復活、ハンス・メムリンク

作年は一五〇〇年から一五〇五年の間のある時期で、メムリンクは一四九四年に亡くなっておりますから、彼の制作年の正確なところが分からなくてもそれに非常に近いものと想像されます。

イエスの生涯を描くにあたっては、天使への言及がなくても、天使がそこに存在した方がよりよい絵になると思われれば、天使が描かれます。たとえば、それはイエスの昇天の場面です。ルカ福音書の第二四章によれば、復活後のイエスはベタニアの付近で弟子たちと別れて昇天します。マルコの第一六章と使徒言行録の第一章も、イエスの昇天に言及しますが、非常に曖昧な記述に終始します。画家たちの描くイエスの昇天図では大勢の天使が登場します。たとえば、ジョット・ディ・

図 33　復活後のキリスト、作者不詳

図 34　昇天、ジョット・ディ・ボンドーネ

ボンドーネ（一二六七―一三三七）がキリストの生涯と題する連作を描いておりますが、そこでの「昇天」と題するフレスコ画がそうです（図34）。イエスには光輪が描かれているばかりか、彼は身光で包まれております。イエスの昇天を下から支えているのはイエスの足もとにある雲でしょうが、イエスの左右には光輪が描かれた天使たちが喜ばしげな表情でもって、昇天中のイエスを祝福しております。使徒言行録一・一〇によれば、昇天を見守る者たちの傍らには「白い服を着た二人の人」が立っていたそうですが、ジョットはこの二人を天使と想像して、画面の下段の中央に描いております。

最後の審判と天使

新約聖書の一番最後に置かれるのはヨハネ黙示録です。わたしはこの書を「百害あって一利なし」とけなす者ですが、非常に多くのキリスト教徒はこの人畜有害な書物に寄りかかって、自分たちの信仰について考えます。自分たちの信仰についてあれこれと妄想いたします。そこには「キリストの再臨」について書かれているからです。アメリカでさまざまな問題を引き起こすキリスト教右派はこのヨハネの黙示録によって自分たちの行動を正当化します。

この黙示録には大勢の天使が出てきますので、この人畜有害な書も天使研究にとってはかかせない書物となる皮肉が生じてしまいますが、キリストの審判で大活躍をするのは大天使ミカエルです。わたしたちはすでにポッティチーニが描いた外典文書のひとつトビト記の一場面にミカエルが登場するのを見ましたが、このミカエルは旧約の正典文書ダニエル書にも登場いたします。ダニエルは

第一〇章で終わりのときの幻を見るのですが、ペルシア帝国の天使長と戦うダニエルの助っ人として、ミカエルがユダヤ側の天使長として登場するのです。第一二章の冒頭にもミカエルが登場いたします。ミカエルは新約聖書のユダの手紙九節にも登場いたしますが、しかし彼がよく登場するのは何といってもヨハネの黙示録であり、人がミカエルについて語るときや、画家がミカエルのイメージを膨らませるとき、それは黙示録からなのです。

黙示録の一二・七以下にこう書かれてあります。

「さて、天で戦いが起こった。ミカエルとその使いたちが、竜に戦いを挑んだのである。竜とその使いたちも応戦したが、勝てなかった。そして、もはや天には彼らの居場所がなくなった。この巨大な竜、年を経た蛇、悪魔とかサタンと呼ばれるもの、全人類を惑わす者は、投げ落とされた。地上に投げ落とされたのです。」

ここでの描写が反逆天使の理解にとって重要なのです。この天使が天界から地上へ投げ落とされた理由が述べられているからです。

こちらはロヒール・ファン・デル・ウェイデン（一四〇〇―六四）が描いた有名な「最後の審判」の中央パネルからです（図35）。キリストの足がのる球体の左右に描かれた四人の天使は死んだ者たちに向かって、「さあ、最後の審判がはじまるぞ。者ども、目を覚まして起きるのだ」とラッパを吹いております。永遠の眠りだと思って眠りについていた者たちが起き始めます。中央に描かれ

図 35　最後の審判（中央パネル）、ロヒール・ファン・デル・ウェイデン

図36　孔雀図、丸山応挙

図37　最後の審判（全体）、ロヒール・ファン・デル・ウェイデン

図38　聖ミカエルの祭壇、ヘラルト・ダーフィット

た大天使ミカエルは天秤をもって復活した者をその皿に乗せて彼らの犯した罪（魂）の重さの軽重を測っております。右の天秤皿は左のそれに比べますと、下に落ちておりますから、その男はアウトで地獄行きとなるようですが、天秤にかけて罪の多寡とか魂の重量を量るこの方式は、実は、いい加減なものです。一回の計測で天国行きが決まっても、次の計測で別のひとを天秤皿に乗せて測れば、その者よりも重量があって下に落ちてしまうからです。あ、それから言い忘れるところでしたが、ここでのミカエルの羽根は非常に美しく描かれておりますが、何でできているのでしょうか？　黒い小さな目のようなものがついた羽根ですから、孔雀の雄の羽根です。

こちらは円山応挙が描く孔雀の雄と雌ですが（図36）、右側の雄の羽根をご覧いただくとともに、ここでボッティチーニの描くトビアスの絵に戻って見ましょう（図25）。画面の中央に描かれている羽根は孔雀の羽根です。左のミカエルの羽根と右端のガブリエルの羽根が何であるかは特定できません。ウェイデンの絵の全体をもお見せいたします（図37）。この解説は最終回の講義で行う予定です。

こちらはヘラルト・ダーフィット（一四六〇―一五二三）が制作した小さな三連祭壇画「聖ミカエルの祭壇」の中央パネルからです（図38）。ここでの悪魔は七人ですから、これはカトリックでいう「七つの大罪」を成敗しようとミカエルが奮闘しているところを示すものとなっております。ミカエルの楯には十字架が入っておりますが、それは定番です。彼が振りかざす長い突き棒の先端にも十字架が認められます。右上の雲の切れ間には神が描かれております。神はミカエルに「ガンバレよ」と声援を送っておりますから、彼の勝利は間違いありません。ところでみなさん方はカト

図39　大天使ミカエル、ラファエッロ・サンツィオ

リックでいう「七つの大罪」が何であるかご存知でしょうか？　それについては次の講義でお話しする予定です。

こちらはラファエッロ・サンツィオ（一四八三—一五二〇）が一五〇三年から一五〇五年にかけて描いた作品です（図39）。中央の大天使ミカエルが悪魔や悪を象徴する生き物を左足で踏みつけて振りかざす突き棒で切りつけようとしておりますが、左側に目を転じると、他の悪魔たちもミカエルを襲おうとしております。この絵は構図的にはダーフィットの作品と同じです。ここでのミカエルの楯には十字架が入っておりますが、やはり定番です。「正義の味方」の騎士が手にする楯にも十字架が認められます。十字架入りは、もしかしたらコンスタンティヌスの「十字架」に遡るものかもしれません（拙訳『コンスタンティヌスの生涯』［京都大学学術出版会刊］）。一度しっかりと調べておきたいと願っております。

天使の位階

西欧のキリスト教美術に登場する天使たちの数は非常に多いので、そこには「位階」があります。位階はどの社会にもあるヒエルラキーです。会社に行けば、上は会長・社長をトップにいただくヒエルラキーがあるように、天使の世界にもヒエラルキーがあります。そのヒエラルキーは、上級天使、中級天使、そして下級天使と分かれ、さらにそのそれぞれが三つに分かれます。ここでの分類は三という数にこだわっておりますが、このこだわりの背後には明らかに「三位一体」の三があるように思われます。

上級の天使の組の中の最上級に位置するのがセラフ（セラピム）であり、日本語では熾天使と呼ばれる天使です。この熾天使はイザヤ書のイザヤが幻の中で見た夢に登場いたします。この図像はすでにお見せいたしました（図19～23）。セラフの次にくるのはケルブとかケルビムと呼ばれる天使で、日本語では「智天使」と表記されます。この天使が最初に登場したのは創世記の第三章の二四節でした。ここまででは触れることがなかったのですが、エゼキエル書の第一〇章に、ケルビムに

図40　4つの生き物と4人の福音書記者、「ケルズの書」挿絵

ついて相当詳しい説明が施されております。ここでの説明をまともに読んでおりますと、頭がおかしくなってしまいますが、美術史の上で大切なのは、そこにある一文、「ケルビムにはそれぞれ四つの顔があり、第一の顔はケルビムの顔、第二の顔は人間の顔、第三の顔は獅子の顔、そして第四の顔は鷲の顔であった」です。ここに四つの顔への言及があるところから、四人の福音書記者に言及するときには、牡牛（ルカ）、人間（マタイ）、ライオン（マルコ）、鷲（ヨハネ）が描かれるのです。

図41　4人の福音書記者、「アーヘン福音書」挿絵

ケルビムは「人間」と見なされているのです。

こちらは八世紀に制作された「ケルズの書」と呼ばれる聖書の手書き写本の挿絵です（図40）。四つの生き物が見られます。右上から時計回りに、ライオンのマルコ、鷲のヨハネ、牡牛のルカ、人間のマタイで、この挿絵でもって、次頁からは四福音がつづくことが示されていることになります。こちらは一〇—一一世紀につくられた「アーヘン福音書」に挿入された挿絵です（図41）。この福音書には四人の福音書記者が描かれておりますが、その頭の右上か左上には四つの生き物のひとつが描かれているために、だれが誰であるのかすぐに分かるのです。

ケルビムの次にくるのがトロネと呼ばれる「座天使」です。ここでの座は神の座であり、その座を支える天使ですが、どうもこれはエゼキエルが幻の中でみたケルビムの傍らにいる「回る輪」がトロネであると指摘されますが、わたし自身はまだ絵画の上で目にしたことがありません。以上の熾天使、智天使、座天使が「上級三天使」と呼ばれるものです。

その下にくるのが「中級三天使」で、キュリオテースと呼ばれる「主天使」、デュナミスと呼ばれる「力天使」、エクスシアと呼ばれる「能天使」です。主天使は、ビザンツ後期から使用されはじめたそのギリシア語からして神の主権を表すようですが、わたしにはよく分からない存在です。力天使はキリストの昇天の際に彼に付き添ったと説明されたりしますが、こういう説明を聞かされるとヤレヤレの思いがいたします。次は能天使です。脳天気ではありません。この天使のギリシア語エクスシアは権威とか力を意味いたします。悪魔を成敗することを任務としますが、悪魔にいつも接しているため、ミイラ取りがミイラになるように、一番堕天使になりやすいそうです。

次は下級三天使です。アルカイと呼ばれる「権天使」、アルカンゲロスと呼ばれる「大天使」、アンゲロスと呼ばれる「天使」です。権天使は国家の指導者たちにつく、守護霊みたいなものです。大天使のガブリエルやミカエルについてはすでに扱いました。この二人は新約に登場するために大きな敬意が払われているようです。この三大天使にウリエルを加えて四大天使とすることがあります。

ところで、みなさん方の中には、これらの三大天使がなぜ天使の位階の中で下級天使となるのか理解できないとされる方もおられるのではないでしょうか？　わたしもミカエルなどは最後の審判で期待される活躍などからすれば、上級天使の位においてもいいのではないかと思いますし、実際そう考えるひともいるようですが、しかしながらそれができない事情もあるようです。

まあ、こんな調子で講義を進めて行きたいと願っております。ご静聴ありがとうございます。

第2講　悪魔の来歴とイメージ

第一回の講義から一か月近くの空きが出来てしまいましたが、みなさん方はこの間ご機嫌うるわしくお過ごしのことと拝察いたします。わたしの大学も二週間遅れで四月の半ばにはじまりました。被災地からの新入生たちはどのような気持ちで入学式に臨んだのか、いまだに気になるところです。

わたしには気になることが他にもひとつありました。

わたしはかつて東京神学大学で非常勤講師として教えておりましたが、わたしの学生のひとりにペーさんという韓国人の女子学生がおりまして、その安否が非常に気になりました。彼女は卒業してしばらくすると結婚し、ご主人と一緒に東北地方のある教会に赴きました。わたしは彼女が石巻にいることを毎年受け取る年賀状で思い起こし、家内が保管していた年賀状の束から彼女の住所を確認し、インターネットで彼女の名前と石巻の住所を入れて、ポーンとエンター・キーを押してみますと、彼女やご主人が無事であることが分かり、家内と一緒に喜びました。

ペーさんはわたしが忘れることのできない韓国の学生さんです。それは彼女がどういうわけかわたしを慕ってくれたからです。彼女は他の日本人学生とは異なり、授業では積極的にいろいろと質問してくれました。彼女の質問はどれも福音派的なもので、それゆえわたしは彼女を適当にあしらっておりましたが、彼女はそれを承知でまたいろいろと質問をぶつけてくるのです。わたしは日本人学生には見られないその果敢な敢闘精神を高く買ったわけです。彼女はわたしを結婚式に招いてくれました。スピーチをする方たちはみなコリント人への手紙か何かの言葉を引いてお祝いの言葉としておりましたが、それでは能がないので、わたしは今から三〇〇〇年前の中国の周時代につくられた最古の詩集である『詩経』を紐解き、桃の花の咲き乱れる季節はすでに終わっていたものの、ペーさんが韓国の方であることを考えて、またご両親が列席されていないことを承知の上で、

「桃のようようたる
しゃくしゃくたる其の華（はな）
この子のゆきとつげば
その室家によろしからん
……」

ではじまるあの有名な「桃よう」のうたを読み上げましたが、それを聞いてくれたペーさんの姿を、彼女の無事を知ったときに思い起こしました。

まあ、これは個人的な事柄ですから話さなくてもよかったことですが、この春休み中に素晴らしい映画を一本見ましたので、ご紹介いたします。それは『アレクサンドリア』と題する映画です。本来の題はアゴラです。アゴラとはギリシア語で広場を意味いたします。古代ギリシアの町には必

ずアゴラと呼ばれる場所がありました。

さて、この映画は歴史の中のユダヤ教やキリスト教の展開、そして異教の存在についていろいろと考えさせられるものです。それだけにみなさん方に「是非見て下さい」とお薦めしたい映画となっております。

舞台は四世紀のエジプトのアレクサンドリアです。

四世紀といえば、コンスタンティヌスの登場により、その世紀の前半にキリスト教は帝国の公認宗教のひとつとして認められ、またその世紀の後半には帝国の唯一の宗教にされました。この四世紀は、キリスト教がそれまでの迫害される宗教から迫害する宗教に様変わりした世紀でもあります。キリスト教がローマ帝国において迫害された宗教であることを研究する歴史家は多いのですが、キリスト教が異教を迫害する宗教に転じ得ることを論じる歴史家が少ないのは不思議です。

ビザンチン世界が生み出した最初の教会史家であるエウセビオスが著した『コンスタンティヌスの生涯』（拙訳、京都大学学術出版会）を紐解けばお分かりのように、コンスタンティヌスはキリスト教徒の歓心を買うためでしょうか、皇帝になると、キリスト教でもって二つに分断されていたローマ帝国を統一するために異教徒たちの聖所を閉じ、そればかりかその祭司たちを徹底的に迫害しました。それはキリスト教徒の賛同のもとに行われたのです。キリスト教がテオドシウス帝のもとで国教になるときもそうです。キリスト教が帝国の唯一の宗教となったとき、キリスト教以外の他の宗教の存在は一切認められなくなります。それまで存在していた他の宗教はすべて抹殺されていったのです。キリスト教徒たちは、少なくとも司教たちはそこでの暴力的な抹殺風景を歓迎いたします。彼らの目からすれば、キリスト教に改宗しない異教徒たちは悪魔であり、悪魔は殲滅しなければならない存在なのです。

さてこの背景で映画『アレクサンドリア』の物語は展開していくのです。

主人公はヒュパティアと呼ばれる女性科学者です。彼女は紀元前三世紀につくられ、以後地中海世界最大の知識と叡智の場所とされてきたアレクサンドリアの図書館で天文学や哲学を研究する学徒です。ただひたすら真理を探究するその精神は父親譲りのものですが、彼女自身はユダヤ教徒でもキリスト教徒でもなく、そのようなものからひたすら自由になっております。四世紀のアレクサンドリアはキリスト教がもっとも勢力を拡大した土地のひとつです。キリスト教は下層階級にぐんぐんと食い込んでいきますが、同時に異教徒たちとの間にある溝を大きくしていきます。

キリスト教は愛の宗教だからその溝を何とかして小さなものにしようと努力したのではないかと想像されがちですが、映画ではキリスト教はヒュパティアの天文学と哲学を否定し、異教の神々を否定し、そうした旧勢力には暴徒と化して襲いかかる狂信的な集団として描かれております。この対立構造を映画は視覚的に見事に映し出します。異教徒たちには白い服を着せ、キリスト教徒たちには灰色の服を着せ、その対立を明確にします。対立し、反目し合う狂信的な修道士たちの戦闘集団のようです。

映画の最後の部分で登場するのがアレクサンドリアの司教となったキュリロスと呼ばれるキリスト教徒です。この人物はとんでもない反ユダヤ主義者であり、またとんでもない反異教主義者ですが、この人物がアレクサンドリアでの対立を煽りに煽り、ヒュパティアを悪魔と名指しして、彼女を石打ちの刑に処するわけです。そしてこのキュリロスが聖人となったところが映画のエンディング部分となります。非常に皮肉なエンディングですが、このエンディングのため、この映画は見る者に最後の最後までいろいろなことを考えさせるものとなっております。わたしはこの映画の監督アレハンドロ・アメナーバルがスペイン出身であるという事実に興味をもちました。ご承知のように、スペインは異端審問でさんざんな歴史を経験しています。ヒュパティアの迫害と弾圧に異端審問での迫害と弾圧を重ね合わせているように思えてならなかったのですが、みなさん方がご覧になられたらいかが思われるでしょうか?

天使と御使いの違いは?

さて、前回の講義では天使についてお話ししました。

講義の後で、みなさん方のお一人から、「天使」と「御使い」の間には微妙な違いがあるのではないかと指摘され、少しばかり虚を突かれた思いをいたしました。わたしは大体においてチャンポンに使用しているからです。しかしギリシア語訳聖書を翻訳していて——この仕事はまだつづけているのですよ——、「アンゲロス」というギリシア語に遭遇すると、結構慎重になります。新共同訳や岩波版がどのような訳語をヘブライ語テクストの該当するヘブライ語に与えているかを一応チェックし、訳語を決定いたします。「一応チェックし」というのは「一応参考にし」という意味ですが、天使と御使いのそれぞれの具体的なイメージをもっていないと、この言葉の差違を訳文の上に反映させることは非常に困難になり、しばしばチャンポンに使用することになります。まあ

「どちらでもいいや」というやけくそ気分でチャンポンに使用することもあります。著者自身やギリシア語への訳者が言葉を正確に定義的に使用していないのだからと判断してチャンポンに使用することもあります。

キリスト教絵画で天使や御使いと称して描かれているものを見ておりますと、そこでは必ず二つの翼をつけた人間のような生き物がイメージされているようです。神のもとから遣わされて地界にやって来て、目的をはたすと天界に戻って行くわけですから、天界からの往来には二つの翼が必要であることが前提とされているようです。もちろん物語の中で登場した天使や御使いの中には必ずしも天界からやって来て天界に戻るのではなくて、どこからかやって来て、目的を果たすといつの間にか消え去っているのもあります。たとえば、マリアに受胎告知した天使ガブリエルです。その天使は「ナザレというガリラヤの町に神から遣わされた」（ルカ一・二六）とあり、受胎告知の大役をこなすと、「天使は彼女のもとから去って行った」（一・三八）そうです。どこに去って行ったのかは不明です。天界の神のもとへ戻り、敬礼でもしながら大声で「任務完了」とでも報告したのでしょうか？　それとも地上のどこかに「天使の詰め所」のようなものがあって、そこに戻っていったのでしょうか？

天使や御使い、あるいは今日の主題である悪魔を語るときの難点は、わたしたちばかりか、ヘブライ語のテクストの著者（あるいは編者）やそのギリシア語訳の訳者がそれらを目撃したことがないことです。しかし、画家たちはテクストや翻訳を手がかりにそれらを視覚的にイメージし、それらを描いてきたのです。したがって、もし一般の人がその生涯において天使や悪魔などをキリスト教絵画などで見ることがなければ、それをイメージすることは非常に困難なものになろうかと思います。逆に言えば、多くの人は絵画的イメージから天使や悪魔の存在を想像しますから、その想像は非常にステレオタイプなものになります。二つの翼をもたない天使をイメージする人は非常に少ないと思います。かぎ爪の手や足をもたない悪魔をイメージする人はこれまた非常に少ないのではないでしょうか?

ではさっそく本日の主題である悪魔の世界に入っていきましょう。

『悪魔の事典』があげる悪魔の数

ここで最初にご紹介したいのは、イギリスの美術史家フレッド・ゲティングスが著した書物『悪魔の事典』です。版元は、これまでわたしが講義してきた絵画関係の書物を出してくれている青土社です。この事典の序文を読んでいて、飛び上がるほど驚いた箇所があります。序文の冒頭に次のように書かれてあったからです。

「本事典はオカルトや魔術やデーモン学（悪魔学）の分野で遭遇する、デーモンの名前、組織、専門用語を簡単に調べられるよう目論まれたものである。」

ここまでは分かります。だれも飛び上がりません。しかしこれにつづく次の一文はどうでしょうか?本事典執筆のための目的が書かれているにすぎないからです。

「わたしはこの目的のために、グリモア（魔道書）と呼ばれるデーモン学の主要な伝統とともに、ダンテ、ミルトン、ブレイクの著作といった、デーモンがおびただしく登場する偉大な文学を中心に、およそ三〇〇〇のデーモンの名を集めた」

三〇〇〇ものデーモンの名があるというのです。

西欧のキリスト教世界に徘徊したり、身を潜めたりしているデーモンが三〇〇〇もあるというのです。わたしはこの数に飛び上がるほど驚き、青ざめてしまいました。とてもじゃありませんが、この講座で扱えるものではないからです。しかし、この三〇〇〇ものデーモンについてこの事典をぱらぱらと見開いていると、これらのデーモンの派生元といいますか、親元といいますか、そういうものがあり、三〇〇〇ものデーモンもそこから発生したり増殖したと考えれば、彼らをひとまずそこに収斂させることは可能であるように見えますが、それでもその数は半端ではありません。わたしが本日の講義で扱うのはその派生元や親元など主立ったものになろうかと思います。

ルシファー

最初に登場してもらうのは、悪魔の親元のひとりルシファーです。

この言葉が最初に現れるのはどこかご存じの方はおられるでしょうか？　この言葉が最初に現れるのはイザヤ書一四・一二―一四、エゼキエル書二八・一二―一七です。

イザヤ書に次のように書かれております。

「ああ、おまえは天から落ちた
明けの明星、曙の子よ。
おまえは地に投げ落とされた
もろもろの国を倒した者よ。
かって、おまえは心に思った。
『わたしは天に上り
王座を神の星よりも高く据え
神々の集う北の果ての山に座し
雲の頂に登って
いと高き者のようになろう』と。」（新共同訳）

イザヤ書一四・三―四の前置きによれば、引用した一節が入っている一二・四b―二三は、バビロンの滅亡を預言してバビロンの王にたいしてうたった「嘲りの歌」であるそうですが、その冒頭部分の意味は取れても、ここで引用した一文の前半にみられるメタファーは分かりにくいものです。「ああ、おまえは天からおちた明けの明星、曙の子よ……」とありますが、みなさん方、お分かりになりますか？

キリスト教の最初の数世紀の物書きたちは、ヘブライ語でヘレルと呼ばれる「明けの明星」をラテン語でルキフェルと呼びました。ルキフェルは「光」を意味するluxと「帯びる」を意味する-ferがひとつにされたものですが、彼らはこのラテン語から「反逆天使」をイメージし、さらにそこから「悪魔」をイメージし、さらにそこから「悪魔の王」をイメージいたしました。このイメージの一人歩きのプロセスを少しばかり調べてみました。

最近完結した『新カトリック大事典』(研究社)第一巻の「あけの星　暁の星」の項目を引いてみますと、カトリックのすぐれた教父学者である小高毅さんがこのルシファーという言葉を三方面から説明しております。そのひとつにこうあります。「イザヤ書一四・一二の『ああ、おまえは天から落ちた、明けの明星、曙の子よ』は、ルカ福音書の一〇・一八の『わたしは、サタンが稲妻のように天から落ちるのを見ていた』というイエスの言葉と結びつけて解釈された結果、ウルガタ訳聖書のラテン語『ルキフェル』(光をもたらす者の意)はサタンをさすものとして用いられるようになった」とあります。

なるほどね、という思いです。

いずれにしても、イザヤ書の一四・一二はルカ福音書一〇・一八の「(サタンが)稲妻のように天から落ちた」と結び付けられて、親元のルシファーは、どこにもそうとは書かれておりませんが、「堕天使」と解釈されるようです。まあ、聖書の解釈なんていうものは、非常に多くの場合、いい加減で適当なものですが、もっともらしく解釈されるとそれが定着していきます。

エゼキエル書にもルシファーらしきものへの言及が認められます。それはティルスへの預言を扱った第二八章においてです。この預言は第二六章からはじまるので、この預言に触れるときには少なくとも第二六章から始めねばなりませんが、今日の講義は聖書解釈ではありませんから、その手続きは踏みませんが、そこには主の言葉として、最初ルシファーは翼をもつケルブ（→ケルビム）としてエデンの園に置かれていたとあります。このケルブはあらゆる宝石で包まれていたそうで、しかもこれらの宝石はケルブが創造された日に用意されていたというのです。創世記はケルブ（→ケルビム）の創造を語らずしてケルブを登場させます。したがって、このエゼキエル書の著者は創世記に見られる想像力の欠如を補ってくれているわけですが、彼は「お前の心は美しさのゆえに高慢となり、栄華のゆえに知恵を堕落させた。わたしはお前を地の上に投げ落とし、王たちの前で見世物とした。お前は悪行を重ね、不正な取引を行って自分の聖所を汚した」（二八・一七―一八）と述べることによって、ケルブの転落の様子を明らかにいたします。最初は無垢なる存在であったものが、異教の神々と交わることによって、腐敗堕落したようで、「地の上に投げ落と」されるという描写により、ケルブが堕天使ルシファーと結び付けられたようです。

ルシファーの画像です。

最初に堕天使ルシファーが天から墜落していくさまを描いた作品をお見せいたします。これはイタリアの画家ロレンツォ・ロット（一四八〇―一五五六）が一五五〇年ころに描いた「ルシファーを追い立てる聖ミカエル」と題する作品です（図1）。ここでのルシファーは二つの翼を身に付けた人間として描かれておりますが、大天使ミカエルも二つの翼をもつものとして描かれております。ミカエルによって天から追い立てられるこの裸のルシファーから魔王をイメージするのは難しいか

図1　ルシファーを追い立てる聖ミカエル、ロレンツォ・ロット

図2　反逆天使（堕天使）の墜落、ルカ・ジョルダーノ

もしれません。ある解説者はここでのルシファーの顔つきが大天使ミカエルのそれと同じであることに注目し、堕天使ルシファーは大天使ミカエルの性格や性質の一部（悪い面や良い面）をもつと説明しております。画家ロットのルシファー解釈を解説してみせているわけですが、なかなか面白い解説であると思いました。またある解説書によれば、通常ミカエルが空中浮遊しながら悪魔を成敗することはないから、この絵はミカエル理解に新しい視点を持ち込むものだと説明しておりますが、この解説はいかがなものかと思います。確かに、大天使ミカエルは地上で悪魔を成敗しますが、後でお見せするように堕天使や悪魔を成敗するのに空中戦をすることもあるのです。

　次のは、今お見せしたロットの絵と構図的にほぼ同じですが、神学的にはそのもつ意味合いが随分と異なるナポリの画家ルカ・ジョルダーノ（一六三二―一七〇五）が描いた「反逆天使（堕天使）の墜落」と題する作品で（図2）、制作年代は一六六六年です。この制作年代から分かることは、世は宗教改革VS反宗教改革の時代です。

これはカトリック側の絵と見るべきだそうです。もしプロテスタント側の絵とするならば、ここでの大天使ミカエルはルターをはじめとするプロテスタントの宗教改革者となり、ミカエルに成敗されている堕天使たちは教皇をはじめとするカトリックの聖職者となります。しかし、宗教改革におけるプロテスタントが天使や悪魔を積極的に認めるわけがありませんから、ここでの大天使ミカエルとその軍勢は、教皇をはじめとするカトリックの聖職者たちをあらわし、堕天使とその軍勢はプロテスタントの聖職者となるわけです。ここでご注意ください。大天使ミカエルとその軍勢には明るい光が当てられております。カトリックの反宗教改革運動が勝利することが暗示されております。わたしはその後のカトリックの歴史を分析する能力が不足しておりますので、これ以上のことは言わないようにいたします。

次は時代が随分と飛びますが、フランスの挿絵画家ポール・ギュスターヴ・ドレ（一八三二―一八八八）が、神と悪魔の戦いを描いたミルトンの著作『失楽園』に挿入した挿絵です。最初にお見せするのは『失楽園』第三巻、七三九―四二行目の挿絵です。描かれているのは天から地上界に向かって墜落していくルシファーです（図3）。次は第四巻、一〇一三―一〇一五行目の挿絵です（図4）。大天使ガブリエルとその軍勢を前にした堕天使ルシファーです。

こちらはネーデルランド（オランダ）の画家で「悪魔的な怪奇性と幻想性に富んだ」絵を多数残

図3　『失楽園』挿絵、ポール・ギュスターヴ・ドレ

図4　『失楽園』挿絵、ポール・ギュスターヴ・ドレ

したことで知られるヒエロニムス・ボス（一四五〇―一五一六）が、一五〇〇―〇二年ころに描いた「干し草を積んでいる荷車」と題する三連祭壇画です（図5）。プラド美術館で展示されております。中央のパネルに干し草をのせた車が描かれ、その上にはさまざまな欲望をもった男女や、御使い、悪魔などが描かれておりますが、わたしがみなさん方に目をやっていただきたいのは中央パネルではなくて、「エデンの園」を描いた左側のパネルの上の部分です。神のもとから堕天使ルシファーがまるで虫けらのようにバラバラと地上に落ちてきます。なぜ堕天使が神のもとから墜落していくのでしょうか？

　ボスがこのような絵を描くのは、堕天使は本来神のもとにいた軍勢であると理解していたからだとすることが可能です。天使変じての堕天使であれば、神のもとに天使が何人いてもおかしくないように、そこに堕天使となる天使が何人いてもお

図5　干し草を積んでいる荷車、ヒエロニムス・ボス

かしくないことになります。それにしてもなぜエデンの園の上に多数の堕天使なのでしょうか？創世記に堕天使ルシファーが登場しないだけに不思議です。不思議でも構わないのですが、それを解釈してみせねばなりません。エデンの園でアダムとエバが天を見上げると、天が俄にかき曇り、堕天使が次から次に落ちてくるわけですから、二人はエデンの園の中をお手々つないで逃げ回ったのではないでしょうか？

こちらはドメニコ・ベッカフーミ（一四八六―一五五一）がシエナのサン・ニッコロのカルメル会の修道院の注文で一五二八年に描いた「反逆天使の墜落」と題する作品です（図6）。この画家はこの主題の絵を二点描いており、その一点がこれですが、本来あったプレデッラ（裾絵）はどこかに行ってしまっているそうです。プレデッラはよく切り離されて行方不明となります。

中段の中央に剣を振りかざした大天使ミカエル

図6　反逆天使の墜落、ドメニコ・ベッカフーミ

が描かれております。その下には彼に成敗された反逆天使たちが描かれております。この絵で面白いのはミカエルの上に光輪を頭に乗せた神が描かれていることです。玉座に座った神の左手が置かれているのは地上界をあらわす地球です。神が地上界を膝の上にのせていることは、神の支配がそこに及ぶことを示しております。神は右手を挙げて大天使に「やっちまえ」と号令をかけております。神の左右には若い女性の御使いたちが座っております。彼女たちは神を賛美するうたでもうたっている合唱隊に見えなくもないのですが、彼女たちの大半は、号令をかける神をほれぼれと見とれているようにも見えます。「かっこいいわ」「すてきだわ」「ほれちゃうわ」とか何とか言いながら。ルシファーに成敗された者たちは地上界の下にある冥府に追いやられているようです。神の着衣が赤色なのはご存じかと思います。キリストは十字架に架けられる直前に、しばらくの間でしたが赤色の外衣を着せられましたが、ここでの赤はその赤色の外衣に由来するものなのです。

こちらはアントワープの画家一族に属するフランス・フローリス（一五一六ころ—七〇）が一五五四年ころに描いたもので、アントウェルペン（＝アントワープ）王立美術館で展示されているものです（図7）。ここでの反逆天使たちは人間の姿を取っておりますが、その顔はいずれも奇っ怪で醜悪なものです。それにたいして大天使ミカエルとその軍勢を構成する者たちはいずれもまともな人間の姿を取り、それればかりか反逆天使を制圧するために太刀や長い突き棒を手にしております。反逆天使たちは天界でミカエルの軍勢と戦っておりますが、彼らの中に優勢なものはひとりもおりません。彼らのひとりはミカエルの軍勢に立ち向かうために短い突き棒か何かをもっておりますが、先端の三分の二はすでに折れ曲がったりしております。フローリスがこの空中戦後の次の場面を描

図７　大天使ミカエルと反逆天使、フランス・フローリス

図8　反逆天使の墜落、ピーテル・ブリューゲル

くとしたら、ボスの絵のように、反逆天使たちがバラバラとなって、天上界から地上界へ墜落していくさまであったと思われます。

こちらもボスやフローリスのように奇っ怪な絵を描いたことで知られるピーテル・ブリューゲル（一五二五ころ―六九）の「反逆天使（＝堕天使）の墜落」と題する作品です（図8）。一五六二年ころに制作されたもので、ブリュッセルの美術館で展示されております。反逆天使たちは白い腹を表にした蛙やサメのようなものであったり、フグのようなものであったりしますが、どれも武器を手にはしておりません。武器を描かないことで、反逆天使の敗北が暗示されるのです。

反逆天使の軍勢の者たちと戦う大天使ミカエルの軍勢の者たちはいずれも、画面の中央のミカエルは別にして、白装束です。この画面の中では少なくとも三人の者がラッパを吹いておりますが、ここでのラッパのイメージは多分ヨハネの黙示録からのもので、彼らはラッパを吹くことで、彼らの勝利と反逆天使の行き先が地上界の下の冥府であることを告げているようです。

レンブラントの最初期（一六〇二—三）の師であるとされるオランダの画家ヤーコプ・イサーク・ス・ファン・スワーネンブルフ（一五七一—一六三八）は寡作家として知られておりますが、その彼は「天界からのサタン（魔王）と反逆天使の墜落」と題する絵で、天界からサタンと反逆天使たちの軍勢が地上界に落ちていく様を描いております。そこでは地上界のおよそ五分の一がぽっかりと口を開いて落ちてくるサタンたちを呑み尽くそうとしております。この絵には著作権がついているので、引き出してお見せすることができないのがザンネンですが、ウェブ上で是非ご覧下さい。

みなさん方は創世記の第五章に「アダムの系図」と称するものが置かれているのをご存じかと思いますが、そこに「エノクは六五歳になったとき、メトシェラをもうけた。エノクはメトシェラが生まれた後、三〇〇年神とともに歩み、息子や娘をもうけた。エノクは三六五年生きた。エノクは神とともに歩み、神が取られていなくなった」（五・二一—二四）とあります。わけの分からぬ一文で、それゆえに印象に残るものかもしれませんが、このエノクを取り上げた偽典文学が紀元前一世紀に生まれたとされ、それが初期のキリスト教会で読まれた『ギリシア語エノク書』や、一〇世紀ないしは一一世紀に翻訳された『スラブ語エノク書』などの親元らしいのですが、肝心の親元については確かなことは言えませんので、ここではこれをすっ飛ばします。

ヨブ記のサタン

みなさん方の中にはヨブ記を熱心に読まれている方がおられるのではないかと思います。わたしもいつかはヨブ記をまじめな読書の対象にしたいと願っているのですが、今は他にもやらねばならぬ大切なことがいくつもありますので、腰を据えてヨブ記を読める状態ではありません。今から三〇年前の昔に、わたしが出入りしていた版元、山本書店の山本七平さんの求めに応じてギリシア語訳ヨブ記を全訳して差し上げたことがあります。七平さんはヘブライ語テクストとギリシア語訳の間に大きな相違がいくつもあるのをご承知で、それを具体的に知りたかったわけです。さすがに山本七平さんです。そのためわたしはヘブライ語テクストとギリシア語訳の相違を示すことを意識しながらヨブ記を読んでおりましたので、読書というレベルのものではなかったと思います。そのため、今ではヨブ記の内容すら確かには覚えていないのですが、冒頭の二章でサタン（魔王）が登場することだけは記憶に残っております。そこでのサタンの親元は不明ですが、わたしたちがサタンという名でイメージするものとは少しばかり違うような気がいたします。それは言葉を媒介として神に挑戦するもの、あるいは言葉を媒介にしてヨブに挑戦するもの、とでも言うべきものかもしれません。このサタンは親元が不明でも取り上げてみましょう。

ヨブやヨブの生涯に関心をもった画家は少なくありません。

オランダの画家レオナールト・ブラメル（一五九六―一六七四）は、旧約聖書のさまざまな場面を五五点以上も描いたことで知られておりますが、彼は一六三〇年代にサタンに試みられる「ヨブの試練」と題する作品を制作しております。一四七五―一五〇〇年にブリュッセルで活躍したフラン

図9　主の前のサタン、コラード・ジャクイント

ドルの画家もヨブの生涯の一場面、すなわちサタンに試みられるヨブの試練の場面を三連祭壇画の右パネルに描いております。

次にお見せするのは、イタリアのロココの画家コラード・ジャクイント（一七〇三―六五）が一七五〇年ころに描いた「主の前のサタン」と題する作品で、ヴァティカン美術館で見ることができるものです（図9）。これはヨブ記第一章六以下の場面を描いたもので、そこには次のように記されております。

ある日、主の前に神の使いたちが集まり、サタンも来た。主はサタンに言われた。

「お前はどこから来た。」

「地上を徘徊しておりました。ほうぼうを歩きまわっていました」とサタンは答えた。

主はサタンに言われた。

「お前はわたしの僕《しもべ》ヨブに気づいたか。地上に彼ほどの者はいまい。無垢な正しい人で、神を畏れ、悪を避けて生きている。」

サタンは答えた。

「……」

ここから神とサタンの間でヨブについての押し問答がはじまりますが、この押し問答は省略いたします。

この絵をよく見て下さい。右下にサタンが描かれておりますが、このサタンは天使の翼ではなくて、コウモリの翼をもっております。コウモリの翼ですから非常に小さなもので、天界から落ちれば途中で背中の羽根をいくらばたつかせてもダメです。地上界に墜落し、さらにその下の冥界行きとなります。まあ、途中で失神することは間違いないですから、サタンにとっては翼など小さなものでも構わないのかもしれません。少しばかり分かりにくいかもしれませんが、サタンの耳は人間の耳ではなくて、突き立ったとでもいいましょうか、奇怪な形をした耳です。サタンは雲の上で跪ずいておりますが、その左の反逆天使は、足をばたつかせながら、左手で墜落しないように、雲のへりに手をかけております。サタンに語りかける神は、これまで見てきた老人・老体の神とはちがって、それなりの若作りです。五〇代の神のようですが、みなさん方にお伺いいたします。今わたしは五〇代の神のようだと申しましたが、神に年齢があるのでしょうか？　わたしがここでのサタンで、神に「お前はどこから来た？」と尋ねられたら、「あなたこそ天界のどこに住んでいるのだ。あなたは天地創造のときの神だとすると、今いくつなのだ」と尋ねると思いますよ。

ウィリアム・ブレイクとヨブ記

イギリスの画家・版画家・詩人、そして幻視好きとくればウィリアム・ブレイク（一七五七―一八二七）ですが、彼がヨブ記（あるいはヨブの生涯）に惹かれないわけがありません。彼は多年にわたってヨブ記に関心をもちつづけ、一七八〇年代にすでに「妻と三人の友人と一緒のヨブ」を水彩画で描いております。一七九九年ころには「ヨブとその娘たち」をテンペラで制作し、その六年後にはヨブの生涯について一九点からなる水彩画を制作いたします。これは彼のパトロンであるトーマス・バッツの依頼によるもので、世に「バッツ・セット」と呼ばれるものです。その後、ブレイクは次のパトロンとなったジョン・リンネルと新しい試みをいたします。二人は、一八二一年、バッツから一九点の水彩画を借り出すと、リンネルがその一九点を正確にトレースし、ブレイクがそれに彩色を施したのです。これが「リンネル・セット」と呼ばれるものですが、ブレイクはさらに二点ばかりこれに加えて全部で二二点とします。この全二二点からエッチングが制作されます。三重県立美術館は一八二五年に制作されたこのエッチングを所蔵しております。この全体をご覧になりたい方はウェブで「三重県立美術館／ブレイク『ヨブ記』」と入力して、エンター・キーをポーンと押してみてください。国立西洋美術館もその大半を所蔵しておりますが、欠けがあるようです。

ここでは二二点全部を紹介するわけにはいかないので、サタンに関係する箇所のエッチングを紹介いたします。

最初はコラード・ジャクイントの絵で見たヨブ記六―一二をテクストとする第二図です（図10）。ジャクイントの絵は「主の前のサタン」と題されておりましたが、こちらは「神の玉座の前のサタン」と題されております。上段の中央に描かれた神が「玉座」に座っているからです。ここでの神は読書家のようで、分厚い本を開いておりますが、何の本なのでしょうか？　多分、裁きに関する本だと思います。その下の中段には神の前に集まった「神の使いたち」と「サタン」が描かれております。サタンは神の使いたちの中に割り込もうとしておりますか。彼らの仲間として神の前に出よ

図10　神の玉座の前のサタン、ウィリアム・ブレイク

図11　息子と娘たちの破滅、ウィリアム・ブレイク

うとしているようです。神と神の使いの者たち、そしてサタンは雲でつくられた卵形の身光の中に置かれておりますが、その身光は下の部分に欠けが認められます。サタンが入っているので、それは身光であって身光でないものとなっているようです。なんだか謎ときのようです。

　下段にはヨブを中に挟んで彼の三人の娘たちと息子たちが描かれております。さらにその下には「全能なるお方がわたしとともにあったとき、わが子がわたしと一緒であったとき」と書かれております。幸せの絶頂にあるヨブです。右端で立っているのがサタンでしょう。左端に立っているのがヨブに彼の子らを見舞う災禍を告げにくる使いの者たちでしょう。サタンと使いの者たちを描くことで、これからヨブに見舞う不幸が予示されているのです。

　次は第三図で、ヨブ記一・一八―一九をテクストとします（図11）。テクストによれば、ヨブの

図 12　主の前から進んで行くサタンとヨブの施し、ウィリアム・ブレイク

図 13　腫れ物でヨブを撃つサタン、ウィリアム・ブレイク

息子や娘たちは荒れ野の方から吹いてきた大風をまともにくらいます。彼らはそのとき長男の家で飲めや歌えの楽しい宴会を開いておりましたが、倒壊した家の下敷きになって死んだというのです。リッチなヨブにしてはケチったために安普請の家を建ててしまったのかもしれません。ま、ともかく一瞬の出来事です。大津波が引き起こした一瞬の出来事に似ております。

この版画から明らかなように、ブレイクは、ヨブの子らにこの災禍をもたらした元凶を自然の力でなくサタンだと解釈します。二つの翼を大きく広げたサタンが災禍の元凶であることを示しております。サタンは倒壊した柱の上ばかりか、柱の間にも描かれております。ここではブレイクにサムソンのイメージが少しばかりあるようです。サタンに助けをもとめて彼にしがみつこうとしている者もおります。

次は「主の前から進んで行くサタンとヨブの

図14　腫れ物でヨブを撃つサタン、ウィリアム・ブレイク、テンペラ画

施し」を描いた第五図で（図12）、テクストはヨブ記二・七の前半部分です。サタンはヨブについて主と押し問答をしておりますが、サタンは主から、命を奪わなければヨブを好きなようにして構わないと言われたために、主のもとから離れて行きます。その場面です。ここではサタンが神のもとから離れようとしているためでしょうか、身光の下の部分も描かれていることにご注意ください。この絵の下段で描かれているのは施しをするヨブです。

ヨブ記二・七の後半部分と八節によれば、サタンはヨブのもとへ行くと、「ヨブを足の裏から頭の天辺まで悪性のできもので傷めつけた。ヨブは土器のかけらを手にし、身体を掻きむしった。彼は灰の中に座っていた」（岩波版訳）そうです

図15　サタンの墜落、ウィリアム・ブレイク

図16　キリストの幻、ウィリアム・ブレイク

が、ブレイクの第六図は腫れ物でヨブを撃つサタンを描いております（図13）。ここでのサタンはヨブに汚水か何かが入った壺からそれを一気に振りかけている感じです。ヨブの足もとで泣き崩れているのは彼の妻です。「おれは正しいんだ」「おれには何の瑕疵もないんだ」とわめくヨブに愛想をつかしているようです。

こちらはブレイクが一八二六年ころに作成したテンペラ画で、ロンドンのテート・ギャラリーで見ることができます（図14）。基本的には同じ構造ですが、細部は随分と改められております。

最後は「サタンの墜落」を描いた第一六図です（図15）。三重県立美術館制作のウェブ上の「ブレイク『ヨブ記』一覧」によれば、ここでのテクストはヨブ記三六・一七と四二・一―七だそうですが、そこを参照して吃驚です。何の関係もない箇所だからです。最初に申し上げたように、サタンはヨブ記では最初の二章にしか登場いたしません。

ここでのブレイクは、新約聖書のルカ一〇・一八に見られるイエスの言葉とされる「わたしはサタンが稲妻のように天から落ちるのを見た」を読み込んで、この版画を制作しております。サタンとその仲間である堕天使が天から墜落しております。サタンの頭の先には雷鳴とどろく稲妻が描かれております。ヨブ記に何の関係もないルカのサタンがここで読み込まれるのは不思議です。ブレイクが活躍した時代のヨセフスの著作の英訳には挿絵がふんだんに取り込まれるようになりましたが、そこにはヨセフスの著作には直接関係があるとは思われない新約聖書の箇所が挿絵として描かれることがあります。わたしはなぜこのような現象が起こるのかを、フランスで一八世紀に起こった、ひとつでも多くの知識をといった百科全書派のイギリスでの影響を考えたりしたのですが、それでは必ずしもうまく説明できないので困っております。それはともかく、ブレイクのヨブ記の第一七図では、幻の中に現れたキリストが描かれておりますが（図16）、そのこともここで覚えておきたいものです。

では次に、ベエルゼブブを取り上げます。

ベエルゼブブ

わたしは漫画を読みませんが、「べるぜバブ」というタイトルの漫画があるそうです。漫画雑誌ばかりか、テレビのアニメにもなっているそうです。そこでの「べるぜバブ」は人類を滅ぼす大魔王だそうですが、この漫画の読者や視聴者はこの「べるぜバブ」が旧約聖書や新約聖書にさかのぼる異教神であることを承知しているのでしょうか？

ベエルゼブブは最初バアル・ゼブルと呼ばれておりました。

バアルは「主人」、ゼブルは「気高き」ですから、これは「気高き主人」という意味となります。嵐や慈雨の神であるバアル神の尊称のひとつとされておりました。ところがヘブライ人たちは、こうした異民族の神に敬意を払って仲良くやっていけばいいものをそうはせず、邪教の神扱いをいたします。そのため彼らはこの異教の神をバアル・ゼブブ(蠅の主人)と言い換えて軽蔑したわけです(列王記下一・一六)。

この神は新約にも登場いたしますが、どこであるか覚えておられる方がいるでしょうか? マタイの第一二章や、マルコの第三章、それにルカの第一一章には、イエスが目が見えず口のきけないひとを癒したことで、イエスとファリサイ派の者たちの間で癒しの力がどこから来るかについての論争、「ベルゼブル論争」が書き記されておりますが、そこには「悪霊の頭ベルゼブル」が登場いたします。「悪霊の頭」はより正確には「悪霊たちを支配するベルゼブル」ですが、旧約で邪教扱いされていたとはいえ、何とここでは「悪霊たちの支配人」にされているのです。支配人ですから、その世界での出世のように見えなくもありませんが、福音書においては旧約での邪教扱いがさらに一歩進んだと見ることができます。あ、言い忘れるところでしたが、このベルゼブルは五世紀につくられた新約の外典文書である『ニコデモ福音書』(『聖書外典偽典6』新約外典I[教文館]所収)にも登場し、さらにひどい扱いを受けております。そこではベルゼブルは魔王サタンとされ、「破滅の君、破壊の主」「サタンの君」「すべての悪人どもの父」などと呼ばれております。ミルトンの『失楽園』(一・八四—一九一)にもベエルゼブブがサタンと一緒に登場いたします。そこではサタンとベエルゼブブは区別されているようですが、ギュスターヴ・ドレが描いたルシファーの方は本日の講義の最初の方でお見せいたしました。

新約聖書と悪魔

新約聖書にも悪魔は登場いたします。

だれでもが思い付くのは、イエスが荒れ野で受けた誘惑に登場する悪魔です。マタイ福音書四・一―一一、マルコ福音書一・一二―一三、そしてルカ福音書四・一―一三で語られております。マルコがわずか二節の紙幅で「それから霊はイエスを荒れ野に送り出した。イエスは四〇日間そこにとどまり、サタンから誘惑を受けられた。その間、野獣と一緒におられたが、天使たちが仕えていた」としか述べませんが、ここにサタンという言葉が使用されております。既に述べたように、マルコは第三章で語るベルゼブル論争でも「どうして、サタンがサタンを追い出せよう」とか「サタンが内輪もめして争えば……」と行って、サタンという言葉をイエスの口に入れております。マルコは四・一五でもサタンは使用されております。マルコ八・三三ではペトロがイエスにより「サタンよ、引き下がれ」と叱責されます。

マタイ福音書第四章の荒れ野の誘惑に登場する悪魔はディアボロスです。五節でも、八節でも、そして一一節でもこのギリシア語が用いられておりますが、一〇節のイエスの言葉では「退け、サタン……」です。サタンとディアボロスが同義語のようです。マタイの第一二章のベルゼブル論争ではサタンが登場し、「サタンがサタンを追い出せば……」とあります。一六・二三では、マタイと同じく、ペトロがイエスにより「サタンよ、退け……」と叱責されております。

ルカの語る荒れ野の誘惑でも悪魔はディアボロスです。二節でも、三節でも、六節でも、一三節でも悪魔はディアボロスで、サタンという言葉は使用されておりませんが、一一・一四以下の「ベルゼブル論争」では「サタンが内輪もめすれば……」とサタンという言葉が用いられております。また二二・三一に見られるペトロの裏切りを予告するイエスの言葉の中にもサタンは見られます。あ、言い忘れるところでしたが、イエスの殺害計画を語ったルカ二二・三でも「イスカリオテと呼ばれるユダの中に、サタンが入った」と述べて、サタンという言葉が使用されます。なお余計なことを申し上げますが、ルカの荒れ野の誘惑の記述の最後部に「悪魔（ディアボロス）はあらゆる誘惑を終えて、時が来るまでイエスを離れた」とありますが、ここでの「時が来るまで」、直訳すれば「（その）時まで」は、ルカの物語のスキームの中でユダやペトロの「裏切りの時まで」、「背信行為の時まで」の意であったように思われます。

新約聖書のすべての用例にあたったわけではありませんが、サタンはディアボロスと同義で使用され、それは「敵対する者」「試みる者」の意であるようですが、キリスト教の画家たちはそれを独特な仕方でイメージしたわけです。わたしはすでに『美術で読み解く新約聖書の真実』（ちくま学芸文庫）や『新約聖書を美術で読む』（青土社刊）の中で、イエスの荒れ野での誘惑に関連する画像を紹介しておりますので、ここでの画像紹介は若干のものにとどめたいと思います。

最初にお見せするのは、みなさん方の多くがすでにご覧になっていると思われるヴェネツィアのサンマルコ大聖堂のモザイク画です（図17）。「キリストの誘惑」と題するこの絵は、悪魔がキリス

図17　キリストの誘惑、サンマルコ大聖堂

トの前に登場するところから退散するまでの四つの場面を左から右に描いております。非常に明快な絵です。右側に描かれた天使は三人です。福音書では天使の数を特定しておりませんが、よく三人の天使が描かれます。その数「三」は三位一体の「三」から来るものでしょう。

次はファン・デ・フランデス（一四六五―一五一九）が一五〇〇年ころに制作した多翼祭壇画のひとつです（図18）。荒れ野で断食して空腹を覚えたイエスのところに悪魔が登場して、「神の子であるならば石をパンに変えてみろ」と言われた場面です。水もない荒れ野で人間四〇日間断食できるものなのか、その答えは明白ですが、これは物語なのです。石をパンに変えるというのは奇蹟です。このフィクションでの悪魔はイエスに奇蹟をもとめたわけで、悪魔はここで、奇蹟を見せてくれれば自分はイエスを神の子として信じるというわけです。信仰に導かれる前提に奇蹟があるのですが、このようなプロセスは旧約に認められるものです。その場合の結末句は、通常、「……そこで人びとは信じた」であったと記憶します。この場合、イエスがてっとり早く奇蹟を演じておれば、「……そこで悪魔は信じた」あるいは「そこで悪魔は信じ退散した」となるはずだったのですが、イエスはなぜか悪魔にたいしては奇蹟を演じてみせなかったのです。

ここで描かれている悪魔は二本の角を頭に生やした修道士です。わたしはこれまでこの「二本の角」について気になっておりましたが、その意味を深く考えることがありませんでした。旧約聖書に登場する人物で、誤って二本の角を生やされて描かれる人物はだれでしょうか？　そうです、モーセです。十戒をシナイ山で授かって下山するときのモーセです。モーセは律法（戒律）の授与者であると同時に律法の擁護者でもありますが、ここで描かれた二本の角を生やした修道士は、モーセと同様に、修道会の律法（戒律）の守護者・実践者でなければなりませんが、この絵は修道会のモーセになり得る修道士でさえ悪魔になることを示しているように見えます。実際、修道院の歴史を紐解いてみれば、仲間の修道士を試みたり、修道女に言い寄って手を出した悪魔的な修道士などは掃いて捨てるほどいたのですから、ファン・デ・フランデスが悪魔を修道士の姿に描いたのも自然といえば自然なのです。ちょっと見づらいですが、この絵の左上の岩山の突き出た所にもサタンとイエスが立っております。

ファン・デ・フランデスの絵のパクリとしか思われない「荒れ野の誘惑」と題する作品をご覧に入れます（図19）。一六世紀のフランドルの装飾挿絵画家シモン・ベニング（一四八三―一五六一）が一五二五―三〇年ころにアルブレヒト・フォン・ブランデンブルク枢機卿の使用する祈祷書に描い

図 18　荒れ野の誘惑、ファン・デ・フランデス

図 19　荒れ野の誘惑、シモン・ベニング

たもので、現在ロサンジェルスのポール・ゲッティ美術館が所有するものです。この美術館は同じ画家が制作した「荒れ野のキリスト」と題するものも所有しておりますが、ここで取り上げるのは「荒れ野の誘惑」と題する作品です。ここでの悪魔も修道士の姿ですが、この修道士が悪魔であることが強調されるのはその足と顔です。その足は二本足ではなくて一本足にも見えます。足指は鈎爪です。顔はどうみても人間の顔ではありません。イメージされているのはもしかして原人の顔かもしれません。ここでの左の遠景でも切り立つ岩山が描かれ、その上にはキリストと悪魔が立っております。なお、ここでの悪魔である修道士の頭には、ファン・デ・フランデスの絵には見られた二本の角が見えませんが、なぜ消えてしまったのでしょうか？　二つの理由が考えられます。ひとつはそれを描いてしまえば、これがパクリ作品である

ことが分かってしまうからです。もうひとつはこの画家には悪魔を象徴するこの二本の角の意味が分からず、それを描くのは不自然に思われたからです。二本の角を取り去る代わりに、修道士の顔をデフォルメしたと解釈することは可能です。

サンドロ・ボッティチェリ（一四四五―一五一〇）の「キリストの受けた三つの誘惑」と題する作品や、ドゥッチオ・ディ・ブォニンセーニヤ（一二五五―一三一九）が一三〇八―一一年ころに制作した作品、ロレンツォ・モナコ（一三七〇―一四二五）が写本の挿絵として描いたものなどはすでに別の機会にお見せしているので省略し、最後にウィリアム・ブレイクがミルトンの『失楽園』の挿

図20　最初の誘惑、ウィリアム・ブレイク

絵として描いた「最初の誘惑」と題する作品をお見せいたします（図20）。ケンブリッジ大学のフィッツウィリアム美術館が所蔵するものです。キリストがペトロと談笑しているのではありません。キリストが悪魔の誘惑に応答している場面です。悪魔の左指先は大きな石を指しております。キリストの右指先は自分の口に向けられ、左手は天に向けられております。この仕草の意味は明白であろうと思います。サタンに「この石をパンに変えてみろ」と言われたイエスは、「『人はパンだけで生きるものではない。神の口から出る一つ一つの言葉で生きる』と書いてある」と答えているからです。イエスは神の方を指さしているのです。

悪魔の誘惑

新約聖書では、サタンやディアボロスは人間を試みるものと理解されたようです。

わたしなどは美しい女性を目にすれば、途端にクラクラ・フラフラいたします。口説き落としてみたくなります、「今晩おひま?」とか言って。おいしいワインや料理を出されれば、ついつい盃を重ねたりいじきたなくも何度も料理に箸をつけてしまいます。こういう衝動は、本来、人間の「生きる欲望」に由来するものだと思われるのですが、中世ヨーロッパのキリスト教徒たちは、「それはいけないことです。それはサタンやディアボロスの誘惑です」と一般の信徒たちに教えたようですが、誘惑に打ち勝つ方法があります。それは「罪とは何か」をあらかじめ教えてもらうことです。

出エジプト記の第二〇章を開いてみてください。

そこにはいわゆる「十戒」が記されております。本当は「十の戒め」ではなくて「十の言葉」なのですが、ユダヤ人たちはここでの十の言葉を戒めとして守り、またその他の言葉をも戒めとして守ってきておりますから、まあ、「罪」を犯したり、「犯罪」に走ったりすることは少なくなります。しかし、キリスト教はユダヤ民族の十戒やその他の戒めを足蹴にしてしまいましたから、よって立つ「罪の判断基準」をもたなくなります。そもそもイエスからして、悪魔によって誘惑されたとされますが、彼は具体的に何が罪であるかを語ってはおりません。しかし、後の時代のカトリックは、これではまずいということで「七つの大罪」を考え出しました。大罪のことを deadly sin と申します。これは悪魔がもたらす「死にも値いする罪だ」という脅しですが、教会の信徒たちがこの七つの大罪を日常的に犯さなければ、その信仰はまずまずだと判断されるわけです。もしかして天国に行けるかもしれない、と持ち上げられるのです。ですからこの「七つの大罪」は聖書などを読む機会に恵まれない彼らにとっては、「罪の判断基準」となるものなのです。

七つの大罪

今日の講義の最後には、この悪魔の誘惑と想像された「七つの大罪」について触れたいと思いますが、どなたかその七つがそれぞれ何であるかご存じでしょうか？

えっ、誰もご存じないのですか？　素っ頓狂な声を上げてしまいましたが、みなさん方が知らなくてもわたしは驚きませんよ。最近読んだある雑誌記事によりますと、アメリカのメガ・チャーチ（教会員二〇〇〇名以上の大教会を指す）で十戒を知っているかどうかアンケート調査をしたところ、

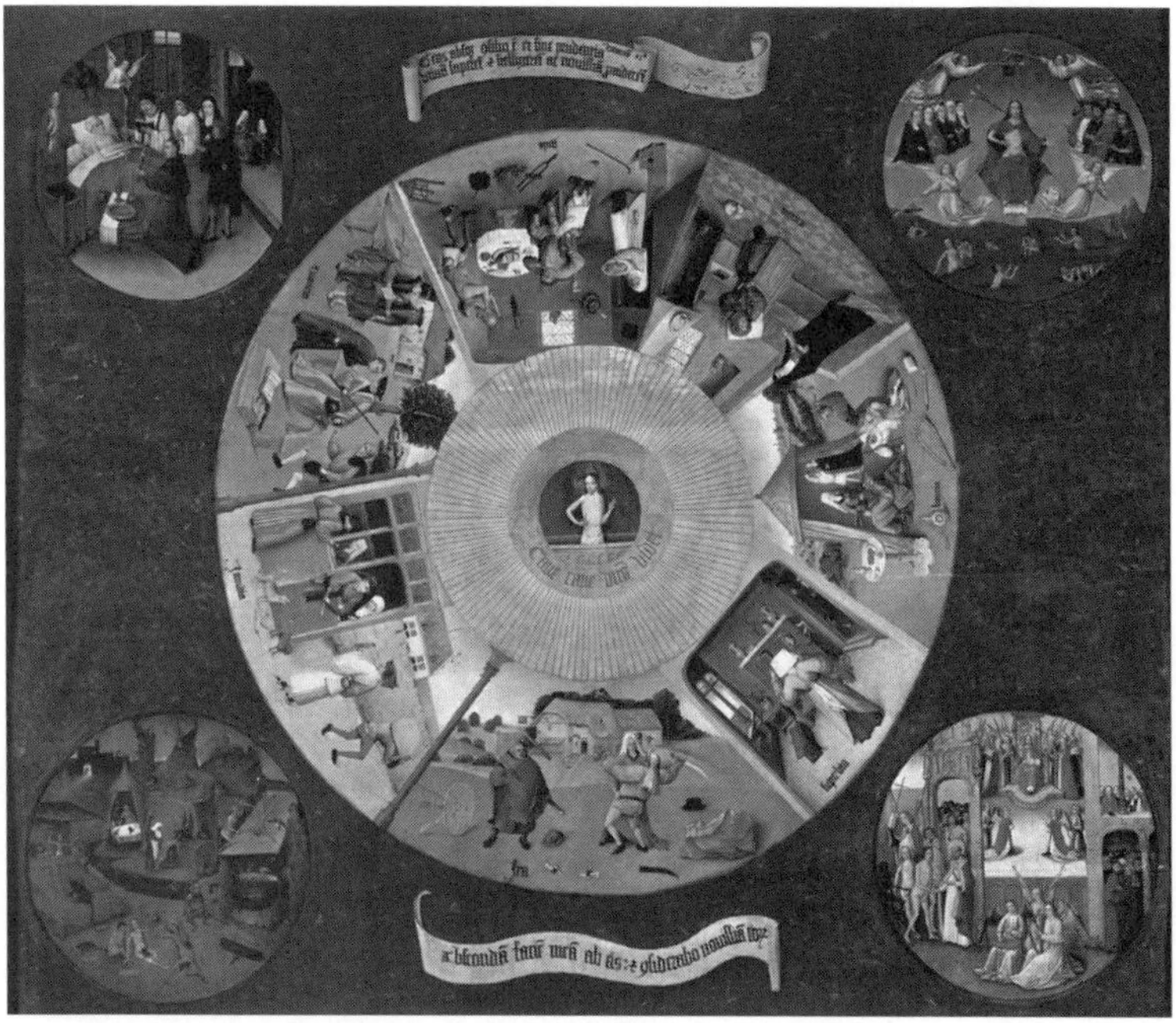

図21　七つの大罪、ヒエロニムス・ボス

全員が知っていたそうです。さすがキリスト教国です。そこでさらに彼らに十戒の一項で結構だから書かせたところ、誰も書けなかったというのです。さすがアメリカ的なキリスト教理解です。この記事を今思い起こしてしまいました。失礼いたしました。

もちろん、わたしもすべてを知りませんでしたので、今回調べてみました。それは（一）「大食（暴食）」、（二）「強欲（貪欲）」、（三）「怠惰（堕落）」、（四）「色欲（淫蕩、肉欲）」、（五）「高慢（傲慢）」、（六）「嫉妬（羨望）」、（七）「憤怒（激情）」だそうですが、このリストをしみじみと眺めておりますと、わたしは自分がこの「七つの大罪」のうちのいくつかを犯していることに気づきました。人一倍大食漢ですし、人一倍若い娘は好きですし……。

最初にヒエロニムス・ボス（一四五〇―一五一六）が一四八〇年ころに描いた「七つの大罪」の絵をお見せいたします（図21）。マドリードのプラド美術館で展示されておりますから、みなさん方の多くはすでにご覧になっているのではないかと思われます。「七つの大罪」が描かれているのは中央にドーンと描かれた円環の七つの部分に仕切られた箇所です。円環の中心部分には神の目が描かれており、その中にはキリストがおります。そして、その目は七つの大罪すべてに向けられております。どんな大罪をも見逃さないぞ、目こぼしはしないぞ、というような覚悟と威嚇がこの目には込められております。この長方形のカンバスの四つの片隅にも四つの絵が描かれております。左上が死、右上が最後の審判、左下が地獄、そして右下が天国です。

次はピーテル・ブリューゲルが一五五八年に描いたものです。それぞれの場面が分かりやすいので、順を追って説明いたします。

最初は「大食」です（図22）。左下に食卓が描かれておりますので、そこからしてこれが「大食」の罪を描いたものであることが分かります。他の場面も大食を示唆するものばかりです。画面に登場する人物は悪魔ないしはその分身であり、それ自身が大食の大罪を誘惑するものとなっております。

次は「強欲（貪欲）」です（図23）。画面の中央下には金勘定している女が描かれております。その足もとにはラテン語で「強欲」と書かれております。女の背後は質屋であるとされております。

次は「怠惰」です（図24）。中央下には驢馬が描かれ、ひとりの女が仕事もしないでうたた寝しております。驢馬はよく働く動物だと思われるのですが、どういうわけか怠惰を象徴する動物として扱われているようです。気の毒に。女の下にはラテン語で「怠惰」と書かれております。右中段には机が描かれておりますが、そこに座っている三人の男は寝入っております。悪魔が彼らを誘惑しております。

次は「淫欲」です（図25）。中央には悪魔に抱かれようとしている裸の女が描かれておりますが、

図22　「七つの大罪」の中の大食、ブリューゲル

図23　「七つの大罪」の中の強欲、ブリューゲル

図 24 「七つの大罪」の中の怠惰、ブリューゲル

図 25 「七つの大罪」の中の淫欲、ブリューゲル

交尾の最中の犬も描かれております。女の下に記されている luxurio の原義は「放逸」かと思われます。一番下には「放逸は活力を弱め、肉体を軟弱なものにする。放逸には悪臭が漂い、汚らわしさで一杯である……」と書かれておりますので、この絵を見てわが身を振りかえる方もおられるかもしれません。

次は「傲慢」です（図26）。下段中央で手鏡で自分の顔を写している女の足もとには、「傲慢」とか「自惚れ」を意味する言葉が記されておりますが、この女の右隣は羽根を大きくひろげた孔雀が描かれております。孔雀は虚栄や虚飾を意味します。下段には「傲慢な者は神々を愛することがなく、また神々によって愛されることもない。……」と書かれております。この言葉はさしあたりカトリックの教皇や、司教たちにふっておきましょう。

次は「嫉妬」です（図27）。わたしには中央に描かれた女の仕草とその右に描かれている鷲鳥の

図 26 「七つの大罪」の中の傲慢、ブリューゲル

図 27 「七つの大罪」の中の嫉妬、ブリューゲル

図 28 「七つの大罪」の中の憤怒、ブリューゲル

意味がわからないのですが、だれかお分かりになるでしょうか？　女の足もとには「嫉妬」とか「不平不満」とかを意味するラテン語が描かれております。その下には二匹の犬が一本の骨を食べておりますが、これはフランドルの格言「一本の骨にありつく二匹の犬は決して妥協などしない」を絵にしたものです。ボスもこの「嫉妬」の場面では同じフランドルの格言を持ち出し、それを絵にしております。この画面の下段には「嫉妬は怖ろしい怪物である、獰猛な疫病神である。……」と書き記されております。

　最後は「憤怒」です（図28）。画面の中央には武器をかざした男たちが登場します。男の足もとには「怒り」とか「憤怒」を意味するラテン語が認められます。人間や、武器を手にして争う者たちが認められ、憤怒に端を発する日常的な暴力の世界が描かれていることが分かります。

最後の最後にもう一つ余計なことを申しますが、先きほどお見せした「七つの大罪」はグーグルから引き出したもので、このグーグル上には、「七つの大罪」の現代版が日本語で掲載されております。二〇〇八年にローマ教皇庁により発表されたものです。そこで掲載されている発表の理由をそのまま引きますよ。それは「従来の七つの大罪は個人主義的な側面があり、それとは異なる種類の罪もあるということを信者に伝え、理解させるため」のものだそうで、具体的には(一)「遺伝子を改造すること」、(二)「人体実験を行うこと」、(三)「環境を汚染すること」、(四)「社会的な不公正を行うこと」、(五)「他人を貧困にすること」、(六)「低俗を思わせるほどの金持ちになること」、(七)「薬物を乱用すること」だそうです。これには英文がついておりますが、(一)は「遺伝子を組み換えること」と訳した方がベターであり、(六)の訳文はあまりよいものではありません。「人をむかつかせるような金満家になること」とでも訳しておいた方がよいのではないでしょうか。もっとも歴史の上でのヴァティカンの金満体質や略奪体質を知っている者は「よく言うよ」と吐き捨てるようにして言うかもしれません。

以上です、今日の講義は。

第3講

悪魔の誘惑と聖人——アントニオスの場合ほか

みなさん方にお会いするのは一か月ぶりです。

大学が五月の連休明けに本格的に始動しはじめたこともあり、また五月の終わりの三日間、立教大学で開催されたガリラヤについてのシンポジウムがあったりして結構忙しい日々を過ごしました。ガリラヤというのはイエスが活動したパレスチナの土地にあるあのガリラヤですが、そのガリラヤをイスラエルの考古学者たちと一緒に新石器時代にまで遡って議論しようというわけです。新石器時代のガリラヤなどを知ってどんな意味があるのかと思いますが、その時代に興味をもつ考古学者たちがいるのですから仕方がありません。それはそれです。

わたしは土曜日に大学での講義があり、校務は校務でそちらを最優先しなければなりませんので、三日間にわたるシンポジウムのうち、金曜日のレセプションに出席し、中一日置いて三日目の日曜日の午前中のセッションに出席して「ヨセフスとガリラヤ」と題して話をしました。

ご承知のように、対ローマのユダヤ戦争では、ローマから帰国したヨセフスが、エルサレムの臨時政府からガリラヤの地に送られてそこで指揮を執りました。彼のガリラヤでの行動は『ユダヤ戦記』（拙訳、ちくま学芸文庫）や『自伝』に記されており、それはまた二〇〇〇年前のガリラヤ、イエス時代のガリラヤを知る上で非常に貴重な史料となるのですが、問題はそれをどう読むかなのです。これまで多くのヨセフス学者は彼を歴史家として評価してきました。わたしもそのように評価してきたことがありますが、ここ一〇年くらいは、ヨセフスを歴史家と規定するのではなくて、「ストーリー・テラー」として規定した方が彼について理解の幅が広がるのではないかと考えるようになりました。語りかける相手はローマ世界のギリシア人やローマ人ですから、語りかける物語は面白いものでなければなりません。そのためにはフィクションとノンフィクションをない交ぜにする必要があるのです。ヨセフスはどうもその術を知っていたようです。わたしはこのシンポジウムでガリラヤについて語るヨセフスを正しく理解するためにはストーリー・テラーとしての彼をまず理解し、その理解の上に立って、彼の資料を分析しなければと申し上げました。自分で言うのもなんですが、わたしの話は結構まじめに聞かれたと思います。つまらない話もありましたが、それが誰のものであるかはここでは口にしません。

この六月の出来事で嬉しかったのは東北学院大学の教授である出村みや子さんが東大に提出したオリゲネス研究で博士号を取られ、その学位論文が出版され、それがわたしの手元に届いたことです。去年の今頃でしたが、彼女はわたしにも東大での学位審査に加わるよう要請されたのですが、家内の病状が病状だけに夏以降の予定を立てることができず彼女の要請を断りました。それだけに少しばかり気がかりでしたが、それ以上に気がかりだったのは彼女が仙台の大学で教えていたことです。彼女は大丈夫だったのか、それは心配でしたが、彼女の著作を受け取ることで、彼女が無事安全であることが分かり、思わずブラボーを叫んでしまいました。今度お会いして議論する機会があれば、キリスト教はあのような自然的災禍を語る言葉をもち得るのかどうか尋ねてみるつもりです。聡明な彼女のことですから、どう答えてくれるのか楽しみです。

さて、前回の講義は悪魔に集中いたしましたが、今日は聖人との関わりで悪魔を取り上げて見たいと思います。みなさん方は、聖人は悪魔とは縁のない者たちばかりだとお考えでしょうが、どうもそうではないようです。わたしは『名画でたどる聖人たち』（青土社刊）を執筆するにあたり、随分と聖人たちの生涯を学びました。資料となるのは主として伝説などが多く、どこまで歴史上の実像に迫ることができたかは心もとないのですが、聖人たちの伝説などを紐解きますと、悪魔たちは結構彼らに接近し、さまざまな誘惑を試みるようです。誘惑に打ち勝とうとして荒れ野の中に出ていく聖人もおりますが、その荒れ野の中でいろいろな誘惑や試みに遭遇してしまうのです。それならば町や村に戻っておとなしくしていればいいのではないかと想像したりするのですが、そうはいかないようです。「荒れ野では誘惑が多かったから、町に舞い戻ってきた」とは、口が裂けても言えないようです。

ウォラギネの『黄金伝説』とアタナシオスの『アントニオス伝』

さて、今日はこれまでの手法を少しばかり変えて、悪魔の誘惑にあった聖人たちを網羅的に扱うのではなく、聖アントニオス（二五一ころ—三五六）に悪魔と戦った聖人たちの右代表としてご登場願い、悪魔の誘惑に遭遇する画像をできるだけ多く紹介し、悪魔がそこでどのように描かれているかをご覧に入れたいと思います。実際、わたしの知る限り、アントニオスほど悪魔との戦いで知られた聖人はいないのであり、彼ほど絵になった聖人はいないのです。もちろん、時間があれば、他の聖人をも取り上げてみたいと思います。

最初にアントニオスの生涯を紹介いたします。

資料とするのはウォラギネの『黄金伝説1』(平凡社ライブラリー)の中の一章「聖アントニオス」と、この著作の下敷きとなったアタナシオス(二九五ころ―三七三)と呼ばれる教会の物書きが著した『アントニオス伝』です。アタナシオスはアントニオスが亡くなって間もない時期に、この伝記と称するものを書いたのです。この書物は、現在、平凡社の『中世思想原典集成1――初期ギリシア教父』で読むことができるものです。この本の訳者小高毅さんはチンタラと仕事をされる方ではなく、非常にスピーディに次から次に仕事をされる、わたしが秘かに敬愛してやまない方です。彼の優れた訳と解説は一読の価値があるものです。ご一読されるようご案内しておきます。

アントニオスの生涯

アントニオスは、二五一年ころに、中部エジプトのコマと呼ばれる村で生まれます。アタナシオスが描く彼の幼少時代は非常に美化されておりますので、ここではカットします。

アントニオスは一八歳か二〇歳になったとき両親を亡くします。

彼に残されたのは両親の財産と妹だけです。ある日アントニオスは「主の家」(=教会)に入ろうとしたとき、そこでマタイ一九・二一の言葉「もしあなたが完全になりたいと思うなら、帰ってあなたの持ち物をすべて売り払い、貧しい人びとに施しなさい」が朗読されるのを聞きます。彼は家に戻ると、妹の分を少しばかり残して、両親から受け継いだ財産を売り払って貧しい者たちに喜捨し、自分は隠修士として生きていく道を選びます。これも回心のひとつなのでしょうが、ここもまた「本当かな?」と首をかしげたくなる箇所のひとつです。ここでの回心は初期キリスト教文学に見られる典型的な回心のパターンであるように見えるからです。確か、アウグスティヌスの回心も教会での聖句の朗読を聞いていて……でした。

アントニオスは妹を女子修道院に預けると、隠修士の生活に入ります。コマ村の喧噪やネオンを後にして、あ、銀座ではありませんからまだネオンはともっていなかったと思いますが、とにかく彼は村の郊外にある荒れ野のような所で単独で暮らすようになります。最初は「荒れ野」ではなくて「荒れ野のような所」でした。一世紀のアレクサンドリアにはフィロンと呼ばれる哲学者がおりましたが、彼もまたアレクサンドリアの郊外にある「荒れ野のようなところ」に出かけては、「アスケーシス」(身体的・精神的訓練)を行っておりましたが、それが思い起こされます。

独住修道士が最初に修行を積む場所は大概の場合村の郊外ですから、村人たちが差し入れの水や蜂蜜入りの菓子パンなどを携えてやって来ては「やあ、元気かい」と声をかけてくれます。しかしそれが頻繁となりますと、彼らの接待に時間が取られて、アスケーシスの妨げになります。とはいえ、顔見知りの村人たちが来てくれなければ、干上がってしまいます。そのため独住修道士はその居場所を一気にではなくて、少しずつ村や町から離れた所へ移していきます。「少しずつ奥へ」が隠修士の転居のパターンです。転居先不明はありません。近くの修道院がそのまわりで生活している独住修道士の出入りをすべて把握しているからです。また、先に進んでから見るように、修道院が食事を提供することもあります。

さてアタナシオス（とウォラギネ）によれば、アントニオスが隠修士の生活に入ると、さまざまな悪魔が彼を襲います。実際、『アントニオス伝』は、その生涯を綴ったものというよりは、村里郊外の生活で彼が遭遇した悪魔の襲撃と撃退の備忘録のようなものですので、ここから先、必要であれば、そこでの説明を取り込みながら画像をお見せしていこうと思います。

アントニオスに魅せられた画家たち

アントニオスに魅せられた画家たちを二〇人ばかり紹介いたします。書物の挿絵などにも彼が描かれてきましたが、今日は時間の制約もありますのでそちらは取り上げません。時代は一四世紀から現代までですが、現代の作品でも著作権の有効期限内にあるものは、紹介したい衝動にかられても、それは悪魔の誘惑だと考えて省くことにいたします。

最初にお見せするのはイタリアの画家フラ・アンジェリコ（一三八七ころ—一四五五）が一四三〇年ころに描いたものです（図1）。

一見すると、アントニオスは昼食後か夕食前の散歩でも楽しんでいるかのようです。何の変哲もない絵です。しかし彼の目の行く先を追ってみてください。キラキラと光を放つ原石があります。金塊なのです。銀座の田中貴金属もその場ではすぐには買い上げることのできないような金塊です。

この絵は「金塊の誘惑を受ける修道士聖アントニオス」と題するものですが、実は、アタナシオスの『アントニオス伝』一二に次のような記述があるのです。

ある日のことです。アントニオスが荒れ野の中の山に向かって歩きつづけていると「黄金が道に投げ出されているのが目に入った」そうです。そしてそれが「敵が差し出したのか、それとも……悪魔に対してアントニオスが、悪魔に属する者ではなく、金銭財宝に対する欲望をもっていないことを示そうとしてのことかいずれかだろう。……アントニオスは黄金の山にびっくりしたが、火を避けるように急いで避けて通りすぎた……」（訳文中にあった丸カッコをはずしたことをお断りする）というのです。

フラ・アンジェリコはアタナシオスの記述にもとづいて、この絵を描いているのです。画家がアントニオスを描くときには、彼に修道服をまとわせます。彼が修道服を最初に考案した人物とされているからです。この場面の背景には、修道院を含むいくつかの建造物が認められます。それらはアントニオスの住み処が荒れ野の中の奥深くではなかったことを示しております。そしてもしこれらの建造物のひとつが修道院であれば、アントニオスの生存のために必要な食べ物や飲み水がそこから供給されたことを示します。

現在この絵はテキサス州ヒューストンの美術館で展示されているそうです。石油成金たちはどのような思いでこの絵の前に佇むのでしょうか？　知りたいものです。

次にお見せするのはドイツの著名な銅版画家マルティン・ショーンガウアー（一四四八ころ―一四九一）が一四七〇年ころに制作した作品です（図2）。『黄金伝説』によれば、アントニオスは、生前、天使たちによって天界へ連れて行かれたことがあるそうです。何のために天使たちがそのようなサービスを彼にしたのかは不明ですが、彼が天界に向かう途次、そこには行かせまいとする悪魔た

図1　聖アントニオスの誘惑、フラ・アンジェリコ

図2　聖アントニオスと悪魔たちの妨害、
マルティン・ショーンガウアー

図3　聖アントニオスの誘惑、ベルナルディーオ・パレンツァーノ

ちの妨害にあったそうです。これはその場面を描いたものです。悪魔たちの妨害があれば、天使たち、中でもミカエルのような天使が剣を振りかざして悪魔たちと一戦を交えている場面が描かれても不思議ではないのですが、それがないのです。わたしは随分と時間をかけて調べたのですよ。ここではデューラーやヒエロニムス・ボス好みの悪魔たちが描かれております。

次はイタリアの画家ベルナルディーオ・パレンツァーノ（一四五〇ころ―一五〇〇ころ）が一四九四年ころに制作したものです（図3）。中央に横たわっているアントニオスに、半獣半人の姿をした悪魔たちが襲いかかろうとしております。中央上段のやや左よりの所にイエスが架けられている十字架が認められます。左

図4　聖アントニオスの誘惑（部分）、ヒエロニムス・ボス

下の隅には翼をもった悪魔が紙のようなものを開いております。その下には聖書のようなものも開かれております。聖書かなと思って拡大しましたが、どうもそうではないようです。もしかしたらそれは聖務日課を書き記したもので、悪魔はその一ページを破り取り、アントニオスに向かって読み上げているところかもしれません。「今は確かお祈りの時間だね」とか何とか言いながら。これはローマのドリア＝パンフィリ美術館で見ることができます。

こちらはネーデルランドの画家ヒエロニムス・ボス（一四五〇ころ—一五一六）が一五〇五—〇六年ころに制作した三連祭壇画の中央パネルです（図4）。全体はこれです（図5）。

荒れ野の中の各地から、さまざまな悪魔がアントニオスのもとへやって来ます。上方の左右に目をやれば、空から飛んでくる悪魔や船でやってくる悪魔も描かれております。もしかしたら悪魔たちは荒れ野からだけではなくて、世界各地からやって来たのかもしれません。悪魔の大集合です。

アントニオスは画面の中央に描かれております。

その視線はこの絵を見る者たちの方に向けられております。その手の仕草は聖職者の祝福のときのそれです。その顔つきは余裕をかましております。彼の右には修道女が描かれております。アントニオスの左隣の若い女は修道女に葡萄酒かなにかを飲まそうとして、小皿のようなものを差し出しております。修道女の下に描かれている黒の帽子をかぶった男は、この絵の寄進者ないしはボスのパトロンのようです。二人の右隣の列柱の一部には旧約聖書の場面が描かれております。モーセの命令でカナンの地に遣わされた斥候がその地の収穫物を持ちかえる場面です。この列柱の右側には豚が描かれております。豚は悪魔を象徴するものですので、これから先でも見るように、それは

図5　聖アントニオスの誘惑（全体）、ヒエロニムス・ボス

アントニオスの絵にしばしば登場いたします。豚が描かれていれば、アントニオスと決めてかかってもまず間違いありません。

え、なに豚ですか？

鹿児島の黒豚でないことだけは確かですが、それ以上のことは分かりません。アントニオスの左にはテーブルが置かれ、到着した悪魔たちに「長旅お疲れさん」とか何とか言いながらワインをついでいる男女が描かれております。この男女はそれぞれ王冠をかぶっておりますから、富の誘惑を象徴しているのかもしれません。ときの王への皮肉も込められているのかもしれません。二人が差し出すその振る舞い酒に最初に与る左側の悪魔の頭の上には闇の世界の生き物である梟《ふくろう》がちょこんと乗っております。アントニオスの右上方の洞窟には十字架に架けられたキリストが見えます。画面の左上では大きな火災が発生しております。この火災についてはいろいろと解釈があるらしいのですが、神原正明さんがお書きになった『ヒエロニムス・ボスの図像学』（人文書院）の中の一章「『火』の恐怖とその造形」によりますと、この「聖アントニオスの火」と呼ばれる火は、地獄の火をあらわすと同時に、火のような悪疫、ペストの異名ともなっているようです。わたしは最初天から降ってきた硫黄と火で焼かれたソドムとゴモラの存在が引き合いに出されているのではないかと勝手な想像をしておりました。

以上は中央パネルですが、右側のパネルにも目をやっておきましょう（図6）。

こちらでは女性の姿を取った悪魔に誘惑されるアントニオスですが、彼は裸の女性から目をそらしております。裸の女性がおれば、堂々と臆することなく見つめたいものです。見ることと誘惑に負けることとは別の次元のものです。

お見せしたこの祭壇画はリスボン国立美術館で展示されております。わたしはリスボンには一度も行っておりませんので、行く機会があったら、この美術館に直行し、この祭壇画の前にしばし佇みたいものです。

ボスが描いたもうひとつの「聖アントニオスの誘惑」も、説明抜きでお見せしますが（図7）、彼の前に川が描かれているのが面白い。川の流れに諸行無常を感じているのでしょうか、それとも川の流れこそが世界のはじまりだなどと哲学でもしているのでしょうか？

みなさん方にお伺いしますが、みなさん方はボスの絵がお好きでしょうか？　うちの大学の大学院の学生になりますと結構好きなひとがおります。先週の週末には大学院の留学生である韓国の学生の絵を銀座の画廊に見に行きましたが、彼女の作品集を見ていて、ボスの影響が見え隠れしているものがありました。シュールな彼の絵の影響は現代にまでつづいております。

図7　聖アントニオスの誘惑、ヒエロニムス・ボス、1468年

図6　聖アントニオスの誘惑(部分)、ヒエロニムス・ボス

こちらは一六世紀のドイツでもっともよく知られた画家マティアス・グリューネヴァルト（?—一五二八）が一五一五年に描いたものです（図8）。コルマール美術館で展示されております。修道服に身をつつんだアントニオスが恐ろしい形相の悪魔たちに襲われております。ここでは十字架のキリストが描かれておりませんから、アントニオスはキリストの助けなしで悪魔退治をしなければならなかったことが示唆されております。

こちらはどうでしょう。

フランドルの画家ヨアヒム・パティニール（一五〇〇以前—一五二四）が制作したもので、プラド美術館で見ることができます（図9）。この画家は三途の川の渡し守の絵や聖クリストフォロスの絵などで、みなさん方には知られているのではないかと思います。フランドルの風景の中に聖書の主題などを取り込むのが巧みです。実際、『オックスフォード西洋美術事典』は「パティニールは物語場面を描きながら、風景描写が優位に立つような作品を生み出した最初のネーデルランドの画家である」と記しておりますが、ここでは風景描写と物語描写は対等であるような印象を受けます。

画面中央には女性に誘惑される男が描かれております。

男はどうみてもアントニオスでありませんから、ここでは彼に、女性の誘惑に弱い世の男たち一般の姿がかぶせられていると見るのが適当かと思われます。右から二番目の女性の右手にはリンゴが置かれておりますから、彼女はアダム（男）を誘惑する蛇でもあるのです。倒れそうになる男の下には悪魔が描かれておりますが、その悪魔の右横には真珠のネックレスが落ちています。ここでの真珠のネックレスは、男と女たちの間でもみ合いがつづいていることを示唆いたします。真珠は御木本真珠店のものであると、楽しく想像したいものですが、もちろんこの時代まだ御木本はありません。画面の中央のやや左寄りにはアントニオスの住み処となる掘っ立て小屋と悪魔たちが描かれております。豚も描かれております。画面の右の真ん中部分にも目をやってください。こちらの女性は裸です。修道院を抜け出した修道士が、舟の上の裸の女性たちに出会い、目の保養をさせてもらった後、逃げ出す図と解釈すると面白いのでしょうが、ここでの修道士はもちろんアントニオスです。

こちらはスイスの画家ニクラウス・マヌエル・ドイッチュ（一四八四ころ—一五三〇）が一五二〇

図8　聖アントニオスの誘惑、マティアス・グリューネヴァルト

図9　聖アントニオスの誘惑、ヨアヒム・パティニール

年に描いた、アントニオスが悪魔たちに襲われている場面です（図10）。

これはグリューネヴァルト的な絵ではないでしょうか？　悪魔たちはアントニオスを打擲するために大きな棍棒のようなものを振りかざしておりますが、そのイメージはイエスを十字架に架ける前に打擲するために使用された「葦の棒」でしょう。アントニオスは聖人ですから、光輪が描かれております。その光輪を楯にして、悪魔の攻撃を防御できなかったのでしょうか？

図10　聖アントニオスの誘惑、ニクラウス・マヌエル・ドイッチュ

図11　聖アントニオスの誘惑、ルーカス・ファン・レイデン

こちらはオランダの画家ルーカス・ファン・レイデン（一四九四―一五三三）が一五三〇年ころに描いた作品で、現在、ベルギーの王立芸術美術館で見ることができます（図11）。悪魔につきまとわれているアントニオスが祭壇の上に置いた十字架のキリストに向かって、両手を上げて救いをもとめております。この十字架の形に注目してください。T字形です。この形の十字架を「アントニオス十字架」と呼びますので、覚えておいてください。画面の右中段に豚が描かれておりますが、それは聖アントニオスが豚の守護聖人だからです。しかしここでわたしに分からないことがあります。それはなぜアントニオスが悪魔である豚の守護聖人にされるかです。守護聖人たちの守護物を

図12　聖アントニオスの誘惑、ピーテル・ユイーズ

図13　聖アントニオスの誘惑、ピーテル・ブリューゲル

図14　聖アントニオスの誘惑、ヤン・ブリューゲル

見ておりますと、首をかしげたくなるものが結構あります。まあ、適当にやっているのですね、何でも。

次はピーテル・ユイーズ（一五一九―八一）が一五四七年に制作したもので、ルーブル美術館で見ることができる作品です（図12）。ボス的な絵でもありますが、女の誘惑を受けるアントニオスです。彼の下には豚が描かれておりますが、この豚には矢が射込まれております。悪魔だからです。

こちらは父親のピーテル・ブリューゲル（一五二五ころ―六九）が一五五六年に制作したものです（図13）。アントニオスは右下に描かれております。こちらは息子のヤン・ブリューゲルの作品です（図14）。アントニオスの前の机（祭壇？）の上には梟がとまり、その梟の右横には豚が描かれております。アントニオスの後ろには彼を誘惑しようとする女性たちが描かれております。そのひとりは裸です。

こちらはフランドルの画家マルティン・デ・フォス（一五三一ころ―一六〇三）が描いたものです（図15）。現在これはベルギーのアントウェルペン（アントワープ）王立美術館が所蔵するものですが、本来はアントウェルペンの聖堂の聖アントニオス祭壇を飾る三連祭壇画の中央パネルだったそうです。右の下段には、聖アントニオスと左で彼を支える黒の修道服をまとった人物が描かれております。この人物はアタナシオスの『アントニオス伝』にも『黄金伝説』の「聖アントニオス」にも登場しないので、最初はいったいだれであるのか見当がつかなかったのですが、『黄金伝説』の「初代隠修士聖パウロス」をたまたま読んでいて――これは聖ヒエロニムスが書いた『パウロス伝』を下敷きにしたものです――、この人物が聖パウロスであることを知りました。そこにこうあります。

図15　聖アントニオスの誘惑、マルティン・デ・フォス

「そのころ、アントニオスという修道士も砂漠にいて、自分が最初の隠修士だと思っていた。あるとき、彼は、眠りの中で、彼よりもずっと立派で神聖なもうひとりの隠修士が砂漠にいることを告げられた。そこで、アントニオスは、その隠修士をさがしに出かけ、……」。アントニオスの右には女性が描かれております。女性の前には豚が描かれております。画面の上半分には天に上っていく聖パウロス（の亡骸）です。悪魔たちが彼を昇天させまいと妨害しておりますが、すでに見てきたように、この場面は、本来は、アントニオスの場面です。画面の中央下では二頭のライオンが穴を掘っておりますが、「初代隠修士聖パウロス」によりますと、聖パウロスの遺体はライオンが穴掘ったこの穴に埋葬されたそうです。百獣の王のライオンもここでは一介の土木作業員にすぎません。王者は王者らしく、穴掘りなどせずに悠然と構えていてほしいものですが、ここでわたしたちはヒエロニムスになついたライオンの話を想起するかもしれません。左の中段には建物が描かれておりますが、それはこの画家の時代の修道院です。すでに述べましたように、荒れ野の中の独住修道士の生活を支えるのは修道院なのです。

こちらはドイツの画家ヨハン・リス（一五九五ころ―一六二九ころ）が描いたものです（図16）。ここまでですでにヨアヒム・パティニールの絵ほかで、悪魔が女性に変身して登場する場面をお見せしましたが、その場面は、『アントニオス伝』五あたりの記述にもとづくものです。そこにはアントニオスがキリストから得た「魂の気高さ」で悪魔の誘惑と情火の炭火を消してしまったとありますが、画家たちは情火のほむらが消えていく場面は想像せず、もっぱら女性の誘惑の場面を想像いたします。ここでの女性は葡萄酒か何かが入った銀製か金製のつぼを手にしてアントニオスを誘惑

図16　聖アントニオスの誘惑、ヨハン・リス

図17　聖アントニオスの誘惑、コルネリス・サフトレーフェン

しようとしております。それは胸を露わにしていることから分かります。おっぱいが二つモロ出しにされていれば、女は間違いなく娼婦であることになりますが、そうではないので判断に困りますが、彼女の左には悪魔の形相をしたやり手婆が描かれておりますから、この女は多分娼婦なのでしょう。女の右では火の手があがっております。先ほど出てきた「アントニオスの火」と呼ばれるものです。アントニオスの背後には悪魔が彼の中に入り込もうとしております。彼は天を見やりながら、両手を広げて祈っております。

こちらはオランダの美術一族の者として知られるコルネリス・サフトレーフェン（一六〇七―八二）が一六二九年に描いたものです（図17）。個人蔵です。祈りを捧げるアントニオスに、悪魔が下から様子を窺っております。梟が岩場から伸びる一本の枝に止まっております。中森義宗先生ほかの『キリスト教美術図典』（吉川弘文館刊）に、梟は「光を恐れて闇にかくれるというので、暗黒の王、悪魔に見立てられ……」とあります。梟がとまっている木のもう一本の枝には鐘がつり下げられております。もうひとりの悪魔が鐘の紐を引っ張るか、それを壊そうとしております。この鐘はアントニオスが籠もる洞窟の近くに修道院があることを示しています。修道院の修道士が隠修士のために食事を運んできたときに、この紐を引っ張って「ご飯だよ。メニューはいつものとおりだよ……」とか、「今日はキリストさまがお生まれになった日だから、特別にひと品多いよ。サソリの唐揚げがついているよ。精力でもつけな」とか言って、ひと声かけたのです。この鐘こそは独住修道士にとっては命綱であるのですが、それだけに悪魔に狙われるものなのです。画家はそれを見落としません。

イタリアの画家ソドマ（一四七七―一五四九）は、ルカ・シニョレリ（一四四一―一五二三）が一四九七年に描きはじめた「聖ベネディクトゥスの生涯」の最後の部分を描いて一五〇八年にそれを完成させておりますが、その絵は洞窟の中に暮らす修道士にパンの入った籠を岩山の上から吊り降ろす修道士を描いております（図18）。籠の紐には小さな悪魔がへばりついており、また左上の突き出た岩場には食事の時間を知らせる鐘が吊るされておりますが、どこからか飛んできた悪魔がそれに手をやって壊そうとしております。

脱線ついでに同じような絵をもう一点お見せいたします。

ストックホルムの国立美術館で展示されている「隠者の聖ベネディクトゥス」と題する絵です（図19）。この絵の作者は不明ですが、制作年は一六世紀前半とされます。現在、これは個人蔵とされております。

図18　聖ベネディクトゥスの生涯、ソドマ

図19　隠者の聖ベネディクトゥス、作者不詳

図 20　聖アントニオスの誘惑、ダーフィット・テニールス、1644 - 46 年

次にフランドルの画家親子で同名の、息子の方のダーフィット・テニールス（一六一〇―九〇）が描いた作品を三点ばかりお見せいたします。最初は一六四四―四六年に描いたもので（図20）、次は一六五〇年代のある時期に描いたものです（図21）。エルミタージに足を運べばどちらも見ることができるそうです。

最初の絵は洞窟内のアントニオスです。洞窟は彼の住み処です。キッチンやダイニング・ルームはありません。食事の方は近くの修道院からの出前サービスがあります。彼は祭壇のようなものをつくり、その上に十字架を立てております。その十字架はすでにご紹介したようにT字形です。十字架の右上には葡萄酒の瓶が見えます。十字架の下にはされこうべが置かれております。だれのでしょうか？

図21　聖アントニオスの誘惑、ダーフィット・テニールス、1650年

この洞窟の近くに独住修道士でも住んでいたのでしょうか？　アントニオスはそのされこうべでも拾ってきて、ゴルゴダの丘に立てられた十字架を思い起こすためにそれをこの十字架の下に置いたのでしょうか？　『アントニオス伝』四一に、「荒れ野は隠修士どもで溢れている……」とありますから、されこうべはいくらでも拾うことができたに違いありません。もっとも、この絵が描かれた時代を背景にしていろいろ想像してみれば、このされこうべは、アントニオスが虚飾を排した生活をしていることを示すために祭壇の上に置かれているのかもしれませんし、次回の講義でたっぷりとお見せする予定ですが、されこうべはまた「死を忘れるな」（メメント・モーリ）のために描かれているのかもしれません。

中央には女がひとり立っております。アントニオスの後ろに描かれたやり手婆が彼女の方を指差しながら、彼に盛んにけしかけております。「お安くしとくからさ、抱いてあげて頂戴」とか何とか言いながら。やり手婆の頭に二本の角が生えておりますから、彼女が悪魔であることはすぐに分かります。中央の女の左後ろには少しばかりデフォルメされた豚がうずくまっており、その上には蛙に化けた悪魔がのっかっております。ここでの豚は外衣をまとっております。イエスは十字架に架けられる前のしばらくの間、青（または赤）の外衣を着せられたそうですが、その色と豚が身にまとっている外衣の色は同じです。ということはこの豚がキリストに化けている悪魔であることを示しているのかもしれません。

この絵には不自然なところがあります。

画面には聖書などの印刷本が描かれておりますが、アントニオスは印刷術発明前の人間です。独住修道士が聖書の「手書き写本」を洞窟内に持ち込んだという話をわたしは聞いたことがありません。それからこの絵のもうひとつの不自然な箇所は洞窟の入り口が大きすぎることです。その下が急峻な崖であればともかくも、これでは獰猛な動物たちがいとも簡単に入り込み、アントニオスを食い殺してしまいます。右上方に大きな穴があいております。この画家は明かり取りのつもりで描いたのでしょうが、いかがなものでしょうか？

二番目の絵（図21）で面白いのは、荒れ野の中にステキな洋館が建てられていることです。アントニオスは荒れ野の中に二〇年いたそうですから、毎日の暇つぶしにこんな洋館を建てていたのでしょうか？　たとえアナクロニズムであっても、洋館は都市生活を象徴するものですから、荒れ野

図22　聖アントニオスの誘惑、ダーフィット・テニールス、制作年不詳

の生活との対比で描かれているとしたら、それなりに意味をもつものかもしれません。洋館の前にうら若い女性が立っており、やり手婆が彼女を指差しながらアントニオスに彼女をすすめております。ここでの若い女性は白のドレスをまとっておりますが、彼女はまだ男を知らない体を装っておりますから、やり手婆は「この生娘どう？　男をまだ知らないよ」と言っていることになります。彼女のドレスの裾もちとしてひとりの男が描かれております。男は隠れるように座り、アントニオスと目があわないようにしておりますが、画中でのこの男の存在は、この若い女性が男をまだ知らない生娘《きむすめ》ではないことを示すものになります。ここで描かれている祭壇の上にも十字架とされこうべと葡萄酒の瓶が、そして祭壇の下

には聖書が認められます。祭壇の右横に描かれた洋館の出入り口からは豚が出て来ようとしております。この出入り口の屋根の上や祭壇の近くには悪魔が描かれております。

テニールスの絵をもう一点お見せいたします（図22）。お見せした二点の絵と比較したくなるはずです。中央に描かれた女性の手を取っているのは若い男性です。やり手婆は後方に退いております。うずくまった豚の背に乗っているのは悪魔ではなくて、呑みすけの赤ら顔をした男です。右下の片隅は朝市か何かで野菜を売っているおばさんが描かれております。

この絵には「死を忘れなさんな」のメメントー・モーリを想起させるものが少なくとも三つあります。お気づきでしょうか？

それは机の上に置かれた砂時計、骸骨、そして画面の右側に描かれたもう一頭の豚の妖怪が手にしている松明のようなものの上で燃えている蝋燭です。アントニオスとその左側に描かれている男性の間を見てください。そこには孔雀の羽が描かれております。孔雀の肉は腐らないとされ、そのためこの鳥は永遠の生命や復活を象徴するものとなっております。「アントニオスよ、おまえの人生ももうすぐジ・エンドだ。永遠の生命に与るのだ。もう少しの辛抱だ」というわけです。わたしたちもここでアントニオスに声援を送りたいものです。たとえ、永遠の生命などを信じていなくとも。

こちらはフランスの画家アレクサンドル・ルイ・ルロワール（一八四三―一八四）が一八七一年に制作した油絵で、現在、個人蔵のものです（図23）。

非常に分かりやすい絵です。

図23　聖アントニオスの誘惑、アレクサンドル・ルイ・ルロワール

図24　聖アントニオスの誘惑、ドメニコ・モレッリ

悪魔が女の姿を取ってアントニオスを誘惑しております。彼は鼻の下を長くするのではなくて、女たちの誘惑に負けないように、しっかりと十字架を握りしめておりますが、十字架の下の部分に目をやると、それは前方にしなって今にも折れそうです。ということは、アントニオスが女たちの誘惑の方に引きずりこまれそうになっているのです。気になるのは彼が疲労困憊に見えることです。もうすでに執拗な誘惑に負けて……だったのでしょうか？

このような疑念をもってしまうのは、彼が疲労困憊に見えても気持ちよさそうな顔をしているからです。手前の女性の右手はどこに置かれているのでしょうか？　しかし、もし彼がここで誘惑に負けてしまったのであれば、これまでの修行（アスケーシス）は何だったのかということになります。もちろん、「一からの出直し」となりますが、そのときはわたしは彼に向かってこうつぶやきたいですね。「福音書を読むかぎり、イエスはこんな修行を期待していなかったはずだ」とか、「イエスにも愛人のマグダラのマリアがいたのではないか」と。なお、アントニオスが握りしめている十字架には別の解釈も可能です。中世以降の悪魔退治をする聖人たちはしばしば十字架を悪魔に向けてかざしたからです。

『オックスフォード西洋美術事典』によれば、ナポリが生んだ一九世紀のもっとも重要な画家はドメニコ・モレッリ（一八二三—一九〇一）だそうですが、彼は一八七八年に聖アントニオスの誘惑を描いております（図24）。彼もまたルロワールと同じく、女の姿を取った悪魔を登場させます。手前の女です。彼女はアントニオスが寝茣蓙《ねござ》として使用している茣蓙の下にもぐり込んで、彼を誘惑しようとしております。もう一人の女は金糸で織った布にその身を包んでおります。金糸で織られたものを着用できるのは、キンキラキンが大好きな教皇ですから、こちらには富の誘惑をあらわすと同時に教皇への当てこすりもあるのかもしれません。もしあるとすれば、これはなかなかのアイディアです。

この画家はアントニオスを洞窟の入り口のある崖っぷち近くに座らせております。これもまたなかなかの構想力です。「道を踏み外せば」、信仰ばかりかその身も崖からも転落するかもしれないか

図25　聖アントニオスの誘惑、フェリシアン・ロップス

らです。もっともこの絵を見るわたしは「一度踏み外してみたら」と、ついつい悪魔に成り代わって囁《ささや》きたくなります。アントニオスの頭の上の岩壁にはギリシア語のタウ文字が刻まれております。もちろんこれは、すでに述べたように、T字形の「アントニウス十字架」を示します。ある解説書にギリシア語のタウ文字は神をあらわすと書かれておりましたが、神はギリシア語でテオスですから、神をあらわすのであればテーターでなければおかしなことになります。いい加減な解説をしてはいけません。

白いフード（頭巾）と青色の外衣。

白い肌の女と日焼けした男。

ここでのアントニオスにオリエンタリズムを認めることは容易です。余計なことを申し上げますが、この作者は一八九五年に出版された『アムステルダム聖書』の挿絵を描いた画家としても知られております。この聖書にこんなステキな絵が入っているのでしょうか？

次にお見せするのはベルギーの作家で、フランスでその生涯の大半を過ごしたことで知られるフェリシアン・ロップス（一八三三―一九八）が描いたものです（図25）。悪魔はアントニオスを誘惑しようとして、キリストが架かっていた十字架に女を架け、彼女はアントニオスに向かってにっこりと微笑んでおります。彼女の両手は十字架の横棒に釘打ちされているのではなくて、ロープで緩やかに結ばれております。「緩やか」であるところがポイントです。緩やかに縛られているからこそ、この女はいつでも両手をロープからするりと外して、アントニオスの所へ降りて行けるのです。十字架の右横からは二本の角を生やした悪魔が顔を出し「この女と寝たらどうだ？」と盛んにけしかけております。アントニオスは両耳を塞ぐ仕草をしておりますが、それは悪魔の挑発が執拗で大声だからです。

悪魔は赤い服を着ておりますが、その色は、マタイ二七・二八によれば、十字架に架けられる前のイエスが一時的に着せられた服の色です。マルコ一五・一七とヨハネ一九・二によれば、その服の色は青でしたから、ロップスは迷ったはずです。

悪魔はその両手先で十字架から外されて落ちそうになっているキリストを支えております。キリストの右手にはまだ釘がついたままです。キリストの目はアントニオスの方には向いておりません

図26　聖アントニオスの誘惑（習作）、フェリシアン・ロップス

図27　聖アントニオスの誘惑、ファンタン＝ラトゥール

から、彼はキリストからも見放されそうです。十字架の前の祭壇の上に置かれた非常に大きな聖書には挿絵が見られます。創世記に登場するポティファルの妻に情交を迫られて逃げまくるヨセフが描かれております。なるほど、こういう誘惑に遭ったときには、ヨセフ物語を読むにかぎるようです。この人物についてはわたしが著した『旧約聖書を美術で読む』（青土社）をぱらぱらとめくってみてください。

祭壇の右横には豚が描かれておりますが、ここでの豚はことの展開についてはいけないようで、ぽかんとしております。通常の絵ですと、十字架の縦棒の先端には「ナザレのイエス、ユダヤ人の王」と書かれた罪状書きの板切れが置かれるのですが、それに代わって、「エロス」と書かれた板切れがそこに打ち付けられております。

この絵にはもう一箇所ですが、見所があります。福音書によれば、ローマ兵はイエスの腹に長槍を突き刺しますが、その場面を描く画家はその箇所をイエスの右胸とします。しかしこのロップスの絵では左胸です。実は、福音書は、右とか左との区別はしていないのです。どちらでもよかったのです。ロップスはそれを知っていたのではないでしょうか？

わたしはかねがね十字架を利用しての「オチョクリ絵画」がないものか、このような絵を描く画家が登場しないのをいぶかしく思っておりましたが、この絵をはじめて見たとき、画家がもって当然の想像力をロップスに見て、少しばかり安堵の気持ちにひたったものです。わたしはこの絵自体を高く買うものではありませんが、そのロップスの構想力と想像力、そして彼の画家として勇気には「よくやった」と三重丸をあげたい気持ちにさせられます。ロップスの習作もお見せいたしま

図28　聖アントニオスの誘惑、ポール・セザンヌ

図29　聖アントニオスの誘惑、ポール・セザンヌ

す（図26）。コメントはいたしません。

次にお見せするのはフランスのファンタン＝ラトゥール（一八三六―一九〇四）の作品です（図27）。ひとりの女にアントニウスを誘惑させるのではなく、大勢の女を登場させて、彼に「さあ、よりどりみどりだよ。全部でもいいよ」の状態にします。手をつないで右の木陰から出てきた女の中に着衣を脱ぎ捨てようとしている者もおります。右下の二人の女性はすでに裸です。アントニオスは聖書か何かを読んでおりますが、もうすでにうわの空です。その証拠に彼の目は聖書には向かっておりません。ここには悪魔は描かれておりませんが、この女たち全員が悪魔なのでしょう。

次にお見せするのはフランスの画家ポール・セザンヌ（一八三九―一九〇六）が、一八七五年に制作したものです（図28）。所蔵先はパリのオルセー美術館ですので、これをご覧になった方も大勢おられるのではないでしょうか？　左側に女たちの誘惑と戦う修道士姿のアントニオスが描かれておりますが、少しばかり若すぎるのではないでしょうか？　それとも若き日のアントニオスなのでしょうか？　ここに描かれている四人の女たちはいずれも「肉の塊」「脂肪の塊」です。フランスの若くて美しい娘たちも歳を食えば、みんなこんな体型になるようです。全体の画面の暗さは何を示唆するのでしょうか？　セザンヌが同じ時期に描いたもう一点もご覧に入れます（図29）。こちらでは二人の悪魔がしっかりと描かれております。左側の悪魔の頭には二本の角が描かれております。悪魔の前で跪いているのがアントニオスです。こちらもオルセーの所蔵です。

最後にお見せするのはサルヴァドール・ダリ（一九〇四―八九）が一九四六年に描いたものです（図30）。

図30　聖アントニオスの誘惑、サルヴァドール・ダリ

先頭の馬が前足を蹴り上げて、左下に十字架を右手にもつ裸のアントニオスを襲おうとしております。いやもしかして、先頭の馬はアントニオスがかざす十字架の威力に驚いて、のけぞっているのかもしれません。多分、こちらの解釈の方が正しいのかもしれません。いずれにしてもこの馬の前足の長さと後ろ足の長さはバランスを欠いております。後ろ足は極端に長いもので、この馬自体がすでにバランスを欠くものとなっております。この馬につづくのは非常に細い脚をした、しかし両脚の長さの点ではそれなりにバランスが取れている象です。しかし象の背の上の置物や、その上の裸の女性はバランスを失えば、一瞬にして崩れ落ちる運命に置かれております。この象の背後の、次の象の上に、形状が細長い三角形の建造物が置かれておりますが、わたし

図32　聖アントニオスの誘惑、サルヴァトール・ローザ

図31　聖アントニオスの誘惑、サルヴァトール・ローザ

にはこれが何であるか分かりません。お分かりの方がおられましたら、お教えください。この象の後ろにも黄金の館、すなわち娼婦の館をのせた象がさらに二頭ばかりつづき、さらにその遠方にも一頭の象が認められますが、二番目の象の下にはオノか何かでこの象の細い脚を打とうとする人間が描かれていることに注意をしてください。脚を打たれれば、象はすぐに倒れ、その上の物は一瞬にして崩れ落ちるのです。ダリはこの絵で、アントニオスを虜にしようとするさまざまな誘惑がいかにはかないものであるか、それを訴えようとしております。

これが最後だと申し上げましたが、最後の最後に、イタリアのバロックの画家で、「永遠の反逆者」の名を冠せられたサルヴァトール・ローザ（一六一五―七三）が一六四五年に制作した作品をお見せいたします（図31、32）。わたしはダリがこの絵の影響を受けたのかどうか、いつか調べてみたいと願っておりますが、美術史の世界ではすでにお偉い先生により論じられているものかもしれません。

エクソシズム

では、次にエクソシズム（悪霊祓い）の絵画に移ります。

イエスは荒れ野の中で悪魔の誘惑を受けたとき、「サタン（悪魔）よ、退け」と言ってサタンを退けたそうですが、イエスの前から退散したサタンはどこに行ってしまったのでしょうか？ イエスは「サタンの命よ、断たれよ」と言ったのではなく、「サタンよ、退け」と言ったのですから、サタンはどこかにまだ潜んでいるはずで、要警戒です。

わたしは悪魔と悪霊の違いがよく分からないときがありますが、昔の人は病気にでもなれば、悪霊に取り憑かれたと思い込みました。頭が痛ければ、それは悪霊の仕業だったのです。頭痛にノーシンは最近のことなのです。腹がしくしくと痛めば、それは悪霊が腹の中でひと暴れしているとされたのです。太田胃散は近年のものなのです。尿漏れがあればそれも悪霊の仕業です。ハルンケアも最近の医療薬なのです。勃起障害と悪霊との関係ですか？ これは虚を突く鋭いご質問ですが、西洋キリスト教世界の歪んだセックス観を背景にして考えれば、面白い研究テーマになるかもしれません。身体的・精神的障害はすべて体の中に入り込んだ悪霊の仕業だったのです。

そのような理解は福音書の中にも認められます。イエスはペトロの家で、連れて来られた病人たちから悪霊を追い出して癒したそうです。イエスは悪霊に取り憑かれたガダラびとを癒したそうです。イエスは悪霊に取り憑かれた口のきけない人を癒しました。イエスは悪霊に苦しめられている

図33　アレッツォの町からの悪魔祓い（全体）、ジョット・ディ・ボンドーネ

カナンの女を癒したそうです。イエスはあるとき、ペトロに向かって「サタンよ、退け」と一喝したそうです。イエスは悪霊にとりつかれた子を癒したそうです。

では図像です。

前回の講義でご紹介した『悪魔の事典』（青土社）によれば、西洋キリスト教世界には三〇〇〇以上の悪魔が飛び回っていたり、潜伏しているそうですから、悪霊祓いを描いた画像は捨てるほどあると予想して見せたのですが、それがそうではないのです。案外と少なかったのです。

最初にお見せするのはジョット・ディ・ボンドーネ（一二六七―一三三七）が描いた「アレッツォ

図34　アレッツォの町からの悪魔祓い（部分）、ジョット・ディ・ボンドーネ

の町からの悪魔祓い」と題するフレスコ画です(図33)。アッシジの聖フランチェスコの上部教会で見ることのできるものです。制作年は一二九七—九九年とされます。こちらはその部分図です(図34)。

この画像は『黄金伝説』の「聖フランキスクス」からです。そこに次のようにあります。フランキスクスはフランチェスコのことです。

「あるとき、フランキスクスは、アレティウム(アレッツォ)の町にやって来た。この町では、内乱の火が燃え盛っていた。城のうえから見わたすと、悪魔どもが中空で踊り浮かれていた。彼は、同行のシルウェステルに言った。『市門のところに行って、全能の神の御名において、すぐ町から出ていくよう悪魔たちに命令しなさい』シルウェステルは市門に走っていって、大きな声でさけんだ。『悪魔どもよ、神の御名において、またわれらがフランキスクス聖人の命により申しつける。すぐさま町から立ち去れ』その後まもなく内乱はおさまり、市民たちのあいだに平和がよみがえった。」

『黄金伝説』によると、町の市門のところで悪魔祓いをしたのはフランチェスコに同行したシルウェステルです。しかし、ここで悪魔祓いをしているのはどうみてもフランチェスコなのですが、この人物の頭には光輪が描かれていないのです。左隅に描かれている修道士には光輪が描かれているため、この人物をフランチェスコとするのが正解かもしれません。画面の下には地割れが描かれております。震度7の地震がアレッツォを襲ったかのようです、ある解説書によると、この町は悪魔が潜伏していたため、真っ二つに割れてしまいます。地割れはそれを暗示するものとなっております。町民たちが二つに分かれて争っていることを暗示するのはまた、白塗りの建造物に出入り口が二つついていることです。

次にお見せするのは、皇帝テオドシウス二世の娘エウドクシアの口から出ていく悪霊ですが、その前にエウドクシアについて少しばかりお話をしておきます。

エウドクシア（四二二―六二）は、四二二年に東ローマ帝国の皇帝テオドシウス二世の娘として生まれ、二歳になった四二四年、四歳になった従兄の西ローマ帝国の皇帝ヴァレンティアヌス三世――ガッラ・プラキディアは彼の母親です――と婚約し、二人は四三七年にコンスタンティノポリスで結婚し、二年後の四三九年にエウドクシアはアウグスタの尊称を与えられます。彼女の夫ヴァレンティアヌス三世は、四五五年に、政敵によってローマで暗殺されます。そしてこの暗殺からわずか数日後に、彼女は同じ西ローマ帝国の高官ペトロニウス・マクシムスと結婚いたします。これでは夫の死にたいして喪に服す期間もありません。

彼女についての簡単な背景は以上ですが、ここで一五世紀の後半にバルセロナにある聖アウグスティヌス教会のために描かれた画像をお見せいたします（図35）。作者は不詳のようです。現在カタロニア美術館で見ることができるものです。悪霊に入り込まれたエウドクシアからそれが飛び出しておりますが、この悪霊は悪魔の姿を取っております。頭からは二本の角が生え出ており、両手や両足には鈎爪が見られます。コウモリの翼のようなものをもっております。エウドクシアの手の

図35　エウドクシアの悪魔祓い、作者不詳

所からは鉄の鎖が垂れておりますが、彼女は悪霊に取り憑かれていたために鎖に繋がれていたのでしょうか？　このエクソシズムの話はビザンチンの教会史家で、エウセビオスの後を継いだソーゾメノスの『教会史』にもとづくものです。このソーゾメノスの『教会史』については、わたしはすでに別の所で紹介しておりますので、ここでは立ち入りません。

先ほど「聖ベネディクトゥスの生涯」を描いたソドマの絵をお見せいたしました。そのさいわた

図36　「聖ベネディクトゥスの生涯」から、ルカ・シニョレリ

図37　「聖ベネディクトゥスの生涯」から、ルカ・シニョレリ

しは、ルカ・シニョレリがその連作の制作を一四九七年に開始し、その仕上げをソドマが一五〇八年に行ったと説明いたしましたが、シニョレリが描いた悪魔の登場する場面をお見せいたします。これがそうです（図36）。

『黄金伝説』の「聖ベネディクトゥス」によれば、ベネディクトゥスはその生涯で一二の修道院を建てたそうですが、そのひとつに「世俗の快楽」をもとめる修道士がおり、祈祷の時間でも祈祷をつづけることができず、修道院の外の快楽を思い起こしてはそわそわにやにやしていたそうです。ベネディクトゥスにはこの修道士を俗界へ連れ戻そうとする「黒い子供」の姿を取った悪魔が見えます。『黄金伝説』は次のように申します。

「翌日、祈祷のあとで聖ベネディクトゥスは、くだんの修道士が修道院の入り口の外にいるのを見た。そこで、眼がくらんでいるのを治してやると言って、彼を笞で打った。それ以来、その修道士は、じっと支障なく祈祷をつづけられるようになった。悪霊は、まるで自分が笞で打たれたかのように、修道士の想念のなかから追い出されてしまったのである。」

シニョレリはここでの記述を忠実に再現しております。修道院の入り口では悪魔が修道士を外に連れ出そうとしております。「あっちの水は甘いぞ、こっちの水は苦いぞ」とか何とか言いながら。誘惑に負けそうになる修道士の背後で両手を胸に置いている男がベネディクトゥスであり、右側で誘惑に負けそうになった修道士の背中を笞打っているのもベネディクトゥスです。キリストは十字架に架けられる前に笞打ちされたそうですが、ベネディクトゥスが手にしている笞はそれと同じで葦を束ねてつくられたものです。絵画の上では「笞は葦」と決まってしまったようです。現代SMの世界で使われる革の笞とは違うようですが、葦の笞の方が残酷なようです。この修道士が笞打ちされているうちにだんだんいい気持ちになり恍惚の表情を浮かべてはお終いです。笞打ちもほどほどにしておかねばなりません。

こちらもシニョレリが描いた「聖ベネディクトゥスの生涯」からのものです(図37)。この絵は『黄金伝説』の「聖ベネディクトゥス」で語られている次の話にもとづくものですから、こちらも最初に物語を読み上げておきます。

「ある日、修道士たちが石壁をつんでいて、ひとつの石を地面から持ち上げようとしたところ、どうしても持ち上げられなかった。大勢が手助けに来たが、やはり持ち上げることができなかった。そこへ聖ベネディクトゥスがやって来て、石の上で十字を切った。すると、いとも簡単にその石を持ち上げることができた。それで、修道士たちは、悪魔がその石の上に乗っかって、持ち上げさせないようにしていたことを知った。さて、修道士たちが壁をすでにかなりの高さまでにつみあげたとき、悪魔が聖ベネディクトゥスの前にあらわれて『あそこで働いている修道士たちのところへ行きます』と言った。聖ベネディクトゥスは、すぐに修道士たちに使いを送り、『兄弟たちよ、用心しなさい。悪魔があなたたちのところに行こうとしています』と伝えさせた。使者がその言葉を伝えおわるやいなや、悪魔があらわれて、壁をひっくり返し、一人の若い修練士

図38　聖ゼノビオスの三つの奇蹟、サンドロ・ボッティチェリ

を下敷きにして殺してしまった。しかし、聖ベネディクトゥスは、押しつぶされて死んだ修練士を袋に入れてはこんでくるように命じ、祈祷によってよみがえらせて、工事現場に送り返した。」

画像の説明です。

左上では四人の悪霊（ないしは悪魔）が修道院の壁をぶち壊しております。よく見ると倒壊してできた瓦礫の下に修練士が埋まっております。ひとりの修道士がベネディクトゥスに緊急事態発生の報告をしております。では次に、右上に眼をやってください。三人の悪霊（ないしは悪魔）が、修練士の魂をどこかに持ち去ろうとしております。この魂は人間の姿を取っているように見えます。ここで疑問がわきます。魂を抜き取られた肉体を復活させることなどベネディクトゥスにできたのでしょうか？　なお余計なことを申し上げておきますが、ある解説書はこれを、ベネディクトゥスに対立したフロレンティウスという司祭が彼を困らせようとし、悪魔を使って修道院の壁を倒壊させた図である、としたり顔で説明しておりました。わたしもしたり顔で、それは違うんじゃないのと申し立てておきます。

サンドロ・ボッティチェリ（一四五五―一五一〇）は一五〇〇年ころ、「聖ゼノビオスの三つの奇蹟」と題する作品を制作いたしました（図38）。わたしたちがここで注目したいのは、司教冠をかぶった聖ゼノビオスが悪霊祓いをしている左側の場面です。ゼノビオスが芝居がかったポーズを取っております。この絵が面白いのは、悪霊祓いをするときに、十字架棒が持ち出されていることです。「えい、やっ」の勢いだけでは悪霊は追い払えないようで、十字架棒に架けられたキリストさまの威力が必要なようです。悪霊は下に倒れた男の口から飛び出しております。この絵はロンドンのナショナル・ギャラリーで見ることができます。

以上です、今日の講義は。

第4講　死の表象と死神の勝利

ご無沙汰しております。

一か月ぶりの講義です。梅雨が明けて本格的な夏の到来です。節電のこの夏をどのようにして乗り切るのか、それがみなさん方にとっても、わたしにとっても大きな問題です。大学にとっても大きな問題です。なにしろこちらには一五パーセントの節電が義務づけられているからです。東電の本社や支社はどの程度の節電をするのか知りたいものです。「世間並みの一五パーセントです」とほざく東電のバカ社員がいましたら、遠慮無く、一発かましましょう。

さて、前回の講義では「悪魔と聖人」を扱いました。西欧のキリスト教世界では聖人とは悪魔の誘惑に打ち勝った人という定義でもあるかのように、多くの聖人が悪魔の誘惑と戦ったようです。その絵画的な表現のもとになるのは一三世紀の終わりにつくられたヤコブス・デ・ウォラギネの『黄金伝説』ですから、今一度ここで強調しておきますが、この書は一四世紀以降の西欧のキリスト教美術を見るときには必読・必携の書物となります。わたしは大学院で西欧キリスト教美術を専攻する学生には、この書物を隅から隅まで頭の中にたたき込む気概がなければ、キリスト教美術など専攻するな、とはっぱをかけております。もちろん、みなさん方にはそのような注文を出すことはできませんが、キリスト教的な絵画を見ていて分からないことがあれば、そしてそれが一四世紀以降のものであれば、まずその絵の典拠は『黄金伝説』ではないかと疑ってみてください。もちろん、そこに書かれている内容のほとんどすべては歴史的な正確さや根拠などまるでない荒唐無稽の話ばかりなのですが、ある時期以降の西欧のキリスト教美術がこのような書物にもとづいて、あるいはこのような書物を背景にして描かれてきたことを知ることは重要です。ですから、どうかこの書物をお手元に置かれ、ときどきパラパラとめくられることをお薦めいたします。

さて、今日の講義は死に関わるものですが、みなさん方はどのようなときに死を意識されるでしょうか？

わたしごとで恐縮ですが、わたしは自分が健康に恵まれているせいかあまり死を意識したことはありませんが、去年の五月ころでしたか、家内が末期癌の宣告を受けたときには、死というものを自分に引き寄せて考えさせられました。家内はすでに大腸癌、直腸癌をやっており、肝臓に転移していることを教えられると、「あ、これでアウトか」と思ったものですが、病院を変えて肝臓癌の手術では日本一と言われる幕内雅敏教授に手術してもらうことができて、今日まで生き延びております。何とか生き延びております、ではなくて、元気一杯に生き延びております。事態が自分にとって都合のよい方に進展しはじめますと、死についての意識はしだいに遠ざかって行ったのですが、死について再び考えさせられたのは東北地方の大震災でした。まだ八〇〇〇人以上の人が行方不明だとのことです。悲惨です。

人間は平和な暮らしを営んでいても、災禍しだいでは、一瞬にして死に見舞われることがあるということ、一瞬にして日常的な平和が奪われることがあること、その遺体は瓦礫の下や海底に置き去りにされてそこで朽ち果てるかもしれないこと、そして自然的災禍を前にして人間は完全に無力であることなどを教えられました。西欧には「死を忘れるな」という言葉があります。ラテン語ではメメントー・モーリと言いますが、大災禍を前にしてはこの諺的な言葉も無力であるような気がいたしますが、みなさん方はいかがお考えでしょうか?

わたしが今回とくに感じさせられたのは、キリスト教はこういう自然的大災禍を前にしては語るべき言葉をもたない宗教であるということです。中世でしたら、これは終末の到来であるとか、これは終末が近づいている証拠だと騒ぎ立て、災禍が通り過ぎれば、神のご加護があったですんだわけですが、現代で自然的大災禍を説明するのに、キリスト教的な「終末」をかざす者はさすがにキリスト教世界にもおりません。

では、何を持ち出せばいいのでしょうか?

持ち出すものがないのです。ここらが現代のキリスト教の最大の悲劇なのかもしれません。

死神の踊り（ダンス・マカーブル）

さて今日の講義の主題は、西欧キリスト教世界で取り上げられてきた「死の表象」や「死の勝利」です。もしみなさん方が一五世紀以降の西欧キリスト教美術に関心をお持ちでしたら、そこに奇妙な絵画が登場してくるのにお気づきになるはずです。

骸骨が踊り狂っている絵画です。

骸骨が教皇や皇帝に寄り添っている絵画です。
骸骨が彼らと手を繋いで踊っている絵画です。
骸骨は「死」を意味いたします。骸骨が踊り出すわけがありませんから、骸骨であらわされる死が擬人化されているのです。死は等しく万人に訪れるものです。それは教皇や司教らの聖職者たちに訪れます。世俗の権力の頂点にいる皇帝に訪れます。修道士や修道女に訪れます。若者たちを襲います。年老いた者を襲います。病にある者を襲います。生まれたばかりの嬰児や幼児を襲います。人間は死んではじめてこの世での差異から解放されます。そのときはじめて富や身分の上の差異から解放されます。肉体上の美醜の差異から自由にされます。健康上の不具合から解放されます。

ある解説書によれば、これからお見せする「死の舞踏」と呼ばれるものは、一四世紀にフランスでつくられた同名の詩が起源だとされますが、絵画に見る「死の舞踏」の背景には黒死病と呼ばれるペストがありました。それは一三四七年から一三五〇年にかけてヨーロッパの全土の町々や村々を席捲し、そのため、町や村の人口の三割や四割、場所によっては六割の者たちが次つぎに落命していったのです。

教会には生き残った者たちがやって来ては救いを求めました。聖職者たちは彼らに向かって「キリスト教徒には復活があるのだから、死などは恐くはない。さあ、キリストさまを信じて落ち着くのだ」と、復活がらみで説教しました。しかし、ある解説書によれば、パニクった者たちはそんな説教は耳には入りません。彼らは司祭の祈りの最中でも立ち上がって狂ったように踊り出したり、親族や友人たちの埋葬に立ち会えば、次は自分の番だと想像してでしょう、半狂乱になってわけの分からぬことを叫び踊り出したりしました。町の広場で踊り狂う者が現れれば、それが大勢の者を巻き込んだ集団ヒステリーになります。そして、一般には、こうした光景もまた「死の舞踏」と呼ばれるようになったと説明されますが、わたしは「舞踏」という言葉に少しばかり抵抗を覚えるもので、ここから先では「死の舞踏」を「死神の踊り」に改めます。ご了解ください。

絵画の世界で「死神の踊り」が描かれたのは、ペストが流行した一四世紀の中頃ではなく、それよりも一世紀後のことです。この主題は、オランダや、ポーランド、ドイツ、フランス、イタリアの教会堂の壁画ばかりでなく、クロアチアや、エストニア、スロヴェニア、スウェーデンなどの教会堂の壁画でも描かれました。人びとはペストの再流行にいつも怯えていたのでしょうが、またペストなどの疫病で、人びとの死にたいする考えが大きく変わったからでしょう。なお、ここで付け加えておきますが、ペストの流行ではユダヤ人の被害は甚大でした。ご承知のように西欧キリスト教世界では、このような災禍が起これば、それはすべてユダヤ人のせいだとするわけです。ペスト＝ユダヤ人陰謀説で、ユダヤ人どもがペスト菌を井戸に撒き散らしたのだ、そのため広がったのだとなるわけです。もちろんここでの「ユダヤ人憎し」の感情は福音書の記事に淵源するものだけに、福音書もとんでもない一面をもつ書物であることを知っておいて下さい。ユダヤ人にとって福音書が「福音には永遠になり得ない書物」であることをわたしたちも理解したいものです。

死神の踊りの画像

最初に古い作品のいくつかをお見せし、次にホルバインの作品を集中的にお見せいたします。ホルバインの一連の作品には思想的ないしは神学的完結性が認められますので、別個に取り上げます。

パリにかつて無原罪修道院（Innocents）と呼ばれる修道院がありました。その壁画の一部として「死神の踊り」と題するフレスコ画があったそうです。それが制作されたのは一四二四年から一四二五年までの間のある時期です。このフレスコ画は、以後、盛んに描かれるようになった「死神の踊り」の非常に早い時期の作品とされております。しかしそれは道路の拡張工事などがあったために、修道院と一緒に破壊されたそうですが、パリの国立図書館がこの絵を描いた写本を二点所蔵しております。この「死神の踊り」の木版画は一四八五年にパリの印刷業者によって出版されたそうですが、こちらの現物はわずか一冊しか残されていないそうです。文字どおりの稀覯本です。

図１　死神の踊り、パリ国立図書館

お見せするのはパリの国立図書館が所蔵するものです（図1）。これは全体の一七分の一に相当するもので、画面の左側に三重冠をかぶり教皇十字を手にした教皇が、そして右側には剣を手にした王が描かれております。左側の死神は教皇に手をかけております。右側の死神はスコップを肩に置いて、その左手を王にかけております。スコップは王の墓を掘るためのものです。死神は王に向かって、「あんたが入る墓をこれから掘りますよ」と口にしているのです。

次はタリンで活躍したドイツの画家ベルント・ノトケ(一四三五—一五〇八ころ)の作品で、一五世紀の後半に制作されたものです(図2)。

こちらは部分ではなくて全体ですので、少しばかり説明いたします。

まず左端に目をやってください。説教壇に立つ説教師が描かれております。説教壇に貼り付けられたボードには多分説教師の説教の内容かそのヒントになるものが書かれていると想像されますが、拡大してもそれは分かりません。その左には大きな石の上に腰掛けた死神がバグパイプを吹いております。その左にはもう一人の死神と教皇が描かれております。教皇は三重冠を頭にいただき、左手には教皇の杖を手にしております。死神は教皇の赤い祭服に手をやってどこかに引っ張って行こうとしております。死神は大きな厚板を右肩に担いでおりますが、それは教皇が入ることになる木棺を示すものです。ですから、死神は教皇を墓場に引っ張っていこうとしているのです。教皇の右隣にはもう一人の死神が描かれております。この死神は教皇の左手に手をやると同時に王の右

図2　死神の踊り、ベルント・ノトケ、15世紀後半

図3　死神の踊り、ベルント・ノトケ、1463年（アントン・ウォルトマンによる改作の写真版）

図4　死神の踊り、ミヒャエル・ヴォルゲムート

手にも手をかけております。二人を墓場へ連れて行こうとしております。王と王妃の間の死神はやせ細った左足を挙げて踊りのポーズをとっております。その死神につられて王妃も踊っております。枢機卿も踊っております。枢機卿の右隣の王侯は踊ってはおりませんが、ひとつのポーズを取っております。画面の最後に置かれるのは死神です。彼の右手は王の左手に置かれております。「踊る阿呆に、見る阿呆、踊りゃなソンソン、どうせ行くのは墓場だよ」といった調子の歌が聞こえてくるかのようです。

ベルント・ノトケは、これよりも多分早い時期の一四六三年に、「死神の踊り」と同じ題のものを制作しております（図3）。それは教会の壁画として描かれたのではなくて、カンバスの上に描かれたものです。その絵は本来リューベックの聖マリア教会に飾られていたものですが、その絵に非常に近いものがアントン・ウォ

図6　死神と司教ほか、作者不詳

図5　死神と教皇と王、作者不詳

図8　死神と聖女と王、作者不詳

図7　死神と司教ほか、作者不詳

図9　死神と修道士と農奴、作者不詳

ルトマンによって一七〇一年に制作され、それに取って代わったそうです。お見せしているのは写真版です。ウォルトマンが制作したオリジナルのものは一九四二年の空爆で破壊されたそうです。これは全体の八分の一に相当するものですが、他の部分は先にお見せしたタリンの絵から想像することが可能です。

次にお見せするのはミヒャエル・ヴォルゲムートが一四九三年に制作した、やはり「死神の踊り」と題する版画です（図4）。よくご覧下さい。画面では五人の死神が踊っております。五人の中には完全に骸骨化した死神もおれば、肉片がまだ骨に固着していて、そこからウジ虫か何かが湧き出ている死神もおります。五臓六腑が飛び出ている死神もおります。左端の死神はトランペットか何かを吹いております。「聖者が町にやって来る」ではなくて、「死神が町にやって来る」を演奏し、それに合わせて他の四人の死神が踊っております。

次の五点はウェブから取り込んだ「死神の踊り」です。

同一人物による作品ですが、その作者名は不詳です。どれもが死が等しく万人に訪れることを示しております。

図5は、死神が三重冠をかぶった教皇にも、王冠をかぶった王にも訪れることを教えてくれます。左側の画像は死神と教皇です。教皇は「教皇十字」を左手にしておりますが、それは彼の死を遅らせるものではありません。死神は教皇の着衣に手をかけております。死神は教皇が入ることになる木棺をつくるのに必要な木材を肩に担いでおります。画面の右半分で描かれている王は、太刀を右手にしております。王は十字架付きの宝珠を左手にしております。宝珠の十字架は教皇十字ではな

くて、横木が二本つく「族長十字」であることにご注意下さい。いずれにしても、十字架は教会権力を象徴するものでしょうから、王の支配が教皇の支配下にあることが暗示されます。死神は王の太刀に対抗するかのように大きな鎌を右肩にかついで、王を墓場へと向かわせようとしております。太刀も死の前では無力であることを教えます。

図6は、死が聖職者や修道士たちにも訪れることを示しております。左半分の画像に登場する死神はスコップを左肩に担いでおりますが、このスコップは埋葬用のものです。死神は右側の聖職者に向かって、「あんたの墓地はもう用意されているんだ」と言って、彼（彼女?）をそちらに向かわせようとしております。

これらの一連の絵を見て、反カトリックの者たちは「ざまあ、みやがれ」と汚い言葉を口にしたくなるでしょうが、それをしてはなりません。あなたにも死は訪れるからです。しみじみと鑑賞すべきなのです。図7、図8、そして図9は、死が聖職者ばかりか、一般の人たちにも訪れることを示しております。

次にお見せするのはハンス・バルドゥング＝グリーン（一四八四ころ―一五四五）が一五一〇年ころに制作したもので（図10）、愛する男を前にして鏡を見ながら身繕いしている若い女が描かれております。彼女のご自慢の金髪はすでにして退色しはじめております。女の下には赤子が描かれておりますが、それは赤子のときの彼女です。女が愛する男を前にして青春を楽しもうとしておりますが、死神は女と男の間で砂時計をかざしております。「死を忘れるな」なのです。これはウィーンの美術史美術館で展示されております。

図11　人間の三世代、ハンス・バルドゥング＝グリーン

図10　この世の虚飾と死神、ハンス・バルドゥング＝グリーン

こちらは同じハンス・バルドゥング＝グリーンのもので（図11）、一五三九年に制作され、現在はプラド美術館で見ることができます。女の一生が三段階で描かれております。赤ん坊のとき、見事なおっぱいのとき、そして垂れ乳のときですが、右手に砂時計をもつ死神は、年老いた女の腕に自分の腕を絡ませ、彼女を死へと導こうとしております。

次はドイツの版画家兄弟のひとりとして知られるハンス・ゼーバルト・ベーハム（一五〇〇―五〇）が一五四八年に制作した作品です（図12）。「死神と眠れる女」と題するもので、ベッドの上で女が大きな三枚重ねの枕の上に頭を置いて寝ております。寝台の右下には寝室用の便器が認められます。小水受けです。右下に「そのときは来た」（O, Die Stund ist aus）と書かれております。翼を

図12　死神と眠れる女、ハンス・ゼーバルト・ベーハム

図13　死神と女、ハンス・ゼーバルト・ベーハム

つけた死神は、眠れる女に「砂時計」をかざしておりますから、「あんたの寿命はもうすぐ尽きるのだよ。イッヒヒ」と言っております。ベーハムが一五二五年に冒瀆罪で生まれ故郷のニュルンベルクから追われたことについては、わたしはすでに別の所で書いております。わたしは確かそこで、故郷で受け入れられない者はわたしたちが積極的に受け入れてあげようと呼びかけたと思いますが、賛同者が今日までひとりもおりません。寂しいかぎりです。

こちらも同じベーハムの作品です（図13）。

こちらの死神も翼をもっております。右下の石柱みたいなものの表面には「人間はすべて死で終わる」（Omnem in homine venustatem mors abolet）と書かれております。砂時計も左下に置かれております。背後には彼女が入ることになる石棺の一部が認められます。それにしてもなぜベーハムの描く女性の陰毛は剃られているのでしょうか？　そのあたりから猥褻となるのかもしれませんが、解説書によりますと、性と死は、ベーハムが生涯にわたって追求した主題のひとつだったそうです。

ホルバインと死神の踊り

それではドイツの画家でもあり版画家でもあったハンス・ホルバイン（一四九七ころ―一五四三）を取り上げます。彼は「死神の踊り」（ダンス・マカーブル）と題する木版画の下絵を一五二四年ころバーゼルで完成させましたが、最初に申し上げたように、これが「死神の踊り」と題するのに適切かどうかは疑問です。

このバーゼル版の木版画は四一点からなるもので、それらはただちに書籍の中で使用されること

図15　死神と教皇、ハンス・ホルバイン

図14　楽園から追放されるアダムとエバ、ハンス・ホルバイン

はなく、したがってこの版は二組の試し刷りしか現存せず、大英図書館とパリの国立図書館に保存されております。最初の木版画の連作作品の初版は、一五三八年に版権を獲得したリヨンの印刷業者によって四一枚の図版がセットで販売され、版を何度も重ねました。こちらはバーゼル版と区別されてリヨン版と呼ばれたりしますが、一五四五年に第五版が出版されたときには新しく一二点が加えられます。ただしそちらはホルバイン作とはされませんので、そちらには立ち入らないことにします。なお正直な話、わたしには「死神の踊り」と「死を想え」（メメントー・モーリ）の違いが明確ではなくて、当惑する場合があります。なぜならば、そこでは最初にお見せしたミヒャエル・ヴォルゲムートの木版画のように死を表象する骸骨が踊っているのではなく、骸骨（死）と、それと関わらせようとする中心的人物を登場させるものの、骸

骨とその中心的な人物は踊ってはいないからです。

画像をお見せいたします。

最初はエデンの園から追放されるアダムとエバです（図14）。アダムとエバはスッポンポンの状態で楽園を追われております。スッポンポンは二人が楽園で何をしていたかと暗示いたします。二人はお楽しみの最中だったのです。ここでの二人はもう若くはありません。この絵はそれを見る者に、「老人と性」を考えさせるものになると同時に、古代世界のバイアグラであるマンダラゲ（創世記）、すなわちチョウセンアサガオが楽園にあったのかどうかと楽しい想像をさせるものとなります。それはともかく、死神はアダムとエバから少し離れた所に立っていて、二人の楽園追放の瞬間をほくそ笑んで見ております。後の時代の神学者はこの瞬間に死が人類に入り込み、人類は以後死すべき運命のもとに置かれたとするのです。死がここで勝利者となったとするのです。壮大な、しかしアホくさくてアオくさい神学的屁理屈です。しかし神学における屁理屈は大切です。神学は屁理屈の上に成り立つエセ学問です。

次は三重冠をかぶった教皇を描いております（図15）。王に戴冠する教皇は王にその右足に口づけさせております。王の右下には十字架の立つ球体が描かれております。偉そうに教皇座に座っている教皇に死神が近づいております。しかし教皇はそれに気づいてはおりません。司教の前には枢機卿が、そして司教と枢機卿の間には司教が描かれており、彼らの背後にも死神が描かれております。枢機卿の背後の死神は彼と同じ帽子をかぶっております。この絵の中では少なくとも三人の悪魔が描かれております。右上で空中浮遊している悪魔は贖宥状を手にしております。左上の教皇座

図16　死神と枢機卿、ハンス・ホルバイン

図17　死神と司教、ハンス・ホルバイン

のせり出し部分にいる悪魔は身を乗り出して教皇の三重冠を取り去ろうとしております。この画像の中にはホルバインの反教皇的感情が認められます。偉そうにして皇帝に戴冠しているときでさえ、死神は確実に教皇に近づいているのに、教皇はそれに気づかずにおります。自分は復活の生に与れるとでも勘違いして慢心しているのかもしれません。まあ、大半の教皇の落ち着き先は地獄の釜の中ではないでしょうか？

　こちらは枢機卿を描いております（図16）。枢機卿は男に向かって天国について優しく語っているのかと想像したくなりますが、さにあらず、彼は男に向かって免罪符を売りつけようとしているのです。「あんたはこれを買えばキリストさまの救いに与れますぞ」とか、「これを買わねばあんたは地獄行きですぞ」とか、「少しばかり安くしておくからさ」とか何とか言って。画面の右端と左端の上には葡萄の木が認められます。これはキリストの血を暗示するのではなくて、枢機卿が酒好きであることを示すものではないかと思われます。死神は枢機卿のかぶる帽子を取り去ろうとしております。左端に描かれている彼が座る椅子の肘掛けには砂時計が描かれております。彼の死のカウントダウンはすでにはじまっているのです。枢機卿の地位ですか？　枢機卿の中から教皇が選ばれますから、カトリックの世界では偉いらしいですよ。

こちらは司牧杖を手にした司教です（図17）。聖職者は子羊である信徒の面倒を見なければなりませんから、司教を羊の群れの中に立たせるアイディアは秀逸です。死神はしっかりと司教の腕を取っておりますが、司教はなぜ手を取られているのかが分からず、怪訝な顔つきをしております。左下の隅には砂時計が描かれております。右上には太陽のようなものが描かれております。拡大してもはっきりしないのですが、わたしにはどうも聖人たちが円環に描かれているように見えます。そこから放射されているように見える光はこの世を照らすものになっていると同時に、彼らの目がすべての方向に向けられていることを示しているようです。ヒエロニムス・ボスの描く「七つの大罪」の中央に神の目を描くのと似ているかもしれません。

次は托鉢修道会の修道士です（図18）。

修道士は必死の形相で死から逃れようとしております。そうはさせまいと死は修道士のフードを引っ張っております。ここで修道士の持ち物に注意したいものです。ローマカトリックの托鉢修道会は、いっさいの私有財産を認めない修道会として発達したものですが、その会則が後になって緩和されますと図像に見るような、ていたらくぶりになります。この版画は、ドミニコ会や、フラン

図19　死神と修道女、ハンス・ホルバイン

図18　死神と托鉢修道会の修道士、ハンス・ホルバイン

図21　死神と貴族、ハンス・ホルバイン

図20　死神と説教者、ハンス・ホルバイン

シスコ会、カルメル会、あるいは聖アウグスチノ修道会の中には私有物に執着する修道士もいたことを教えてくれる貴重な資料です。左下隅に砂時計が描かれております。

こちらは修道女です（図19）。

修道女は祭壇のある祈祷室におります。修道院の祈祷室はもっとも神聖な場所でなくてはなりませんが、何とこの修道女はそこに若い色男、じゃなかったエロ男をくわえ込んでいるのです。これでは祈りに専念できるわけがありません。彼女は連れ込んだ男に向かって「あとでね。昨晩は最高だったわ」とか何とか口にしております。男の上に描かれているのは、カーテン付きの寝室です。祭壇上のキリストさまも寝室から漏れてくる修道女のよがり声を聞かされては、あるいはカーテンの隙間から見える彼女の白い肢体を見せつけられては、文字どおり、その目を白黒させたのではないでしょうか？　死神は祭壇の燭台に手を伸ばして、蝋燭の火を消そうとしております。わたしはすでにどこかで、蝋燭の火は信者にとってはその生命の長さを象徴するものであること、洗礼のときに必ず長いローソクを記念としてもらうこと、そしその臨終ではそのときのローソクが持ち出されて、最後の明かりがともされることなどをお話ししております。

もちろんどんな修道院にも、寝室付きの祈りの部屋などはありませんが、これは修道院の中もときに淫乱の世界に様変わりすることを示すものとなります。この絵は聖職者の怒りを買ったそうですが、彼らを怒らせるような絵を描く画家はステキです。しかし淫乱の世界の修道女の偽善も、分かりやすいだけに、それなりにステキです。「やるじゃん」とひとこと声をかけ、肩をたたいてやりたくなります。

図23　死神と政治家、ハンス・ホルバイン

図22　死神と弁護士、ハンス・ホルバイン

図25　親もとから子供を連れ去る死神、ハンス・ホルバイン

図24　死神と皇帝、ハンス・ホルバイン

こちらは説教者です（図20）。

この版画は当時の説教者がどのようにして信徒（一般庶民）に語りかけていたかを想像させるものとなります。一般に町や村の教会の説教者は裕福な者たちではありません。しかし彼らはカトリック教会の厳然たるヒエラルキーを一番下から支える者たちなのです。彼らは教会の富から一番遠い所におります。ホルバインもそのことを百も承知しておりますから、教皇たちにたいして示した皮肉はここには認められません。しかし、それでも、一般庶民の味方である説教者にも死神が訪れることを描いております。もちろん砂時計は説教壇に置かれております。

次は貴族（ないしは金持ち）です（図21）。貴族は自分の富以外のものには無関心です。ここでの貴族は、物乞いする子連れの女には一瞥もくれておりません。女は、多分、貴族が経営する荘園で働く農奴の妻でしょう。死神は貴族の肩掛けのようなものに手をかけております。死神は農作物の初穂か何かが飾りとしてついた冠をかぶっております。死神と貴族の間には、女に向ってこれ以上近寄るなと言わんばかりに左手を差し出している男が描かれております。彼は多分この貴族の執事ではないでしょうか？　左側の建物の上の所につくられた壁がんのようなところに砂時計が認められます。

こちらは弁護士を描いたものです（図22）。彼は右側に描かれた顧客から弁護料を受け取っておりますが、弁護士と顧客の間に立つ死神は弁護士の頭の上に砂時計をかざしております。「もうあんたの先も短いのだから、そうがつがつしなさんな」と諭しているかのようです。顧客の右隣には貧しい者が立っておりますが、弁護士も顧客も貧乏人の存在には無関心です。後方に描かれている建物の窓には十字架が嵌め込まれております。キリスト教社会の偽善を象徴すると同時に、それに訴えているかのようです。

次は政治家です（図23）。同じような絵です。貪欲を象徴する悪魔が中央に描かれた政治家の肩の上にしっかりと止まっております。悪魔はもう離れないようです。男の下には死神が横たわっており、右手に持った砂時計を彼に見せようとしております。彼の背後に描かれた貧しい男は彼の背中に右手をかけて「お恵みを」を口にしております。彼のズボンの膝小僧あたりには大きな穴があいております。ズボンの丈も足もとにまでは達しないでおります。彼の口にも注意してください。歯が全部抜け落ちております。彼の貧しさが強調されております。右に描かれた建造物の窓には、図22と同じく、十字架が嵌め込まれております。

こちらは皇帝です（図24）。右下に描かれた跪いた農奴が皇帝に何かを訴えておりますが、皇帝は聞く耳をもちません。完全無視です。しかし死神は皇帝の冠に手をやってそれを剝ぎ取ろうとしております。皇帝の足もとには砂時計が置かれております。この版画には注意したい箇所が二つあります。ひとつは皇帝の冠に十字架が嵌め込まれ、そればかりか画面下に描かれたクッションの上の球体物——王が支配するこの世を象徴します——に十字架が取り付けられていることです。これは皇帝権が教皇権の下位にある現実を示しております。もうひとつは、皇帝の右手が握っている剣の先が欠けていることです。それは皇帝に統治能力が欠けていることを示すものになっております。もっとも皇帝が理不尽な判決を下そうとしたために、死神が介入し、皇帝権を象徴する剣の先を折ったと説明する研究者もおります。ここでは先が折れた剣は憐憫をあらわすものであるとする議論も可能なのですが、ホルバインの「死神の踊り」に登場する権力者――教皇であれ、皇帝であれ――はつねに揶揄嘲笑の対象ですから、これを皇帝が憐れみを右下の男（農奴）にかける図だとするのは無理があるように思われます。この皇帝はある特定の皇帝を指すのでしょうか？　それとも皇帝一般を指すのでしょうか？

これは両親のもとから連れ去られる子供です（図25）。中世ヨーロッパ社会の人間の平均寿命をわたしは知りませんが、それは高いものであったはずがありません。疫病や干ばつなどに恒常的に襲われるからです。そればかりか、この世に生をうけても、幼くして亡くなる子も多かったと思います。両親にしてみれば、それは神による理不尽な仕打ちでしょうが、この絵では死神が幼子の左手を取って、連れ去ろうとしております。幼子は右手をあげて両親に助けをもとめておりますが、驚きと恐怖の声を上げる彼らは何もできずにおります。死は一瞬の出来事だからです。この絵を残酷なものにするのは、幼子の前に砂時計が置かれていることです。この子は死ぬことが運命づけられていたようです。父親が仕事で使用している鍋からは煙が上がっており、そこにはヘブライ語の文字が認められますが、全体は拡大してもよく分からないものです。

ホルバインはこのほかにも司祭や、貴族、議員、金持ち、裁判官、医師、王、などを描いておりますが、最後に彼は「最後の審判」を描き（図26）、罪の贖いと復活はイエス・キリストを信じることでつねに可能であることを示そうとします。つまりイエス・キリストを信じる者は死に打ち勝つというわけで、アダムとエバの堕落で死が人間に入り込んだが、信仰がそれに打ち勝つことができるというメッセージなのです。

ホルバインの「死神の踊り」が書物の中に収録されたのは、彼が制作してから一二年も経ってからのことで、その理由がいろいろと詮索されてきました。そのひとつはそこに宗教批判や社会批判が見られるからだというものです。時代はカトリックとプロテスタントがまだ争っていた時代です。一五二〇年代には農奴戦争が起こっていたのです。

ハンス・ホルバインがメメントー・モーリをアルファベットに託してつくっているのをご存じでしょうか？　お見せするのは一五二四年に制作され出版されたもので（図27、28）、「死神の踊り――アルファベット」として広く人びとの心を掴んだそうです。ひとつの文字は縦横二・五センチの正

図26　最後の審判、ハンス・ホルバイン

図27　死神の踊り――アルファベット、ハンス・ホルバイン

図28 死神の踊り——アルファベット、ハンス・ホルバイン

方形の中に収まっております。IとJ、UとVは同じ文字と見なされますから、木版印刷されたのは全部で二四文字となります。それぞれの字の下には字型の正方形のマスかそれよりは少しばかり縦に長いマスの中にその絵を説明する聖書の言葉が記されております。

たとえばです。

アルファベットのAです（図29）。

右側の死神は小さな笛を吹きながらドラムを人骨で叩いております。左側の死神はフルートに似た笛を吹いております。画面の下半分には骸骨が積み上げられております。ここで引用されているのは第一コリントの信徒への手紙一五・二二の「アダムによってすべての人が死ぬことになったように、キリストによってすべての人が生かされることになる」と、ヨハネの黙示録八・一三四の「不幸だ、不幸だ、不幸だ、地上に住む者たち。……」です。ある解説書によると、これは死神が墓場の中を行進している図だそうですが、わたしには死神が墓場の中を歩きながら「最後の審判の時が到来した、さあ、起きるのだ」と墓の中で眠りについている者（骸骨）を叩き起こしているように見えますが、骸骨は眠りにつけるのでしょうか？

次はアルファベットのBです（図30）。

突端に十字架がついた三重冠をかぶる教皇が二人の死神によって死、あるいは墓場の方へと引きずられております。往生際の悪い教皇はそちらに行かせまいと必死になって抗っております。しかし彼には悪魔も食らいついているのです。死神は誰にでも取りつきますから、教皇がここで死神によって引きずられている図は何も目新しいものではありませんが、ここでのポイントは悪魔です。

それが教皇に食らいついているのですから、この教皇はダメ教皇であり、彼を待ち受けているのは地獄の釜ゆでとなるのです。すでに見てきたものと同じです。このBに付される聖句はイザヤ書一四・一〇―一一の言葉、「彼らはこぞっておまえを迎え、そして言う。『おまえもわれわれのように無力にされた。おまえもわれわれと同じようになった。』おまえの高ぶりは、琴の響きと共に陰府に落ちた。蛆がおまえの寝床となり、虫がおまえを覆う」です。

キリスト教徒の中には自分の申し立てを飾り立てるのに聖句を引用する者が非常に多いようにお見受けいたしますが、ここでのアルファベットもそうです。適切にみえる引用もありますが、そうでないものも結構あります。わたしは学生諸君に自己の思想を正当化するのに聖書の言葉を軽々に

図29　アルファベットのA、ハンス・ホルバイン

図30　アルファベットのB、ハンス・ホルバイン

引いてはならないと厳しく教えております。

これ以上はアルファベットの図像の詳細をお見せいたしませんが、Cは皇帝、Dは王、Eは枢機卿、Fは皇后、Gは女王、Hは司教、Iは侯爵、Kは貴族、Lは司祭評議員、Mは医師、Nは吝嗇家、Oは修道士、Pは兵士、Qは修道女、Rは愚者、Sは処女、Tは呑み助、Vは馬に乗る者（騎手ではない）、Wは独住修道士、Xはギャンブラー、Yは赤子、Zは復活ですが、それらは、先ほど申し上げたように正方形の中に描かれております。ここでの人選は、ホルバインあるいは一般庶民が日頃鬱憤を晴らしたい相手がだれであったかを教えてくれるものです。

これらのアルファベットを書いたシートはよく売れたそうですが、その使用目的は何だったのでしょうか？　子供に文字を学習させるさいにそれを見せていた親もいたでしょう。もしすべての親がそうしていたなら、西欧キリスト教社会はどうなっていたことでしょう。

死の勝利、あるいは死神の勝利

ここまでお見せした絵では、死神の方が教皇や皇帝を含む万人に向かって「この世であんたは偉そうに振る舞っているが、あんたはもうすぐ死ぬのだ」と宣告できるだけに、死神はどんな者よりも優位な立場に置かれることになります。死神こそは最終的な勝利者であることを示す作品がいくつかあります。「死の勝利」と題するものです。わたしの言葉では「死神の勝利」と題するものです。

三点ばかりお見せいたします。

図31　死神の勝利、作者不詳

最初にお見せする「死神の勝利」はこれです（図31）。

南イタリアのシチリア島王国の港湾主であったフランチェスコ・アバテリスのパレルモの居城内につくられた「シチリア地区美術館」のチャペルに展示されております。作者は不明ですが、制作年代は一四四五年とされております。縦六メートル、横六メートル四二センチです。あまりにも大きかったために、この美術館に収めるにあたっては画面を四つに切断したそうです。切断した箇所の横線と縦線が生々しく認められます。

背景となるのは薄暗い苑です。薄暗いのは節電中からかもしれません。

右側の上半分には噴水が描かれております。竪琴を奏でている女がおります。右側の下半分にも楽器を奏でている男が描かれております。そこには貴族や金持ちたちが人生を優雅に満喫しております。左上の半分には白い猟犬を二頭連れて散歩している女がおります。

ここで「突如の出来事」が発生するのです。死神が馬を駆りながら闖入してきたのです。死神は左の腰に矢筒を下げております。よくご覧下さい。画面の中央下に描かれている教皇や司教、そして王（あるいは皇帝）たちが矢を放たれて次々に倒されております。フランシスコ会の修道士も、ドミニコ会の修道士も倒れております。死神がまたがる馬はあばら骨まで見えるやせこけたものですが、死神がそれにまたがっている以上、簡単には力尽きたりはしません。左片隅には貧しい者たちの集団が描かれております。彼らの中のある者は死神にたいして何か嘆願しておりますが、それは明らかに無視されております。死神は貧しい者たちだからといって憐れみの情を示すことはしないのです。この冷酷さ、この峻厳さ。死神の圧倒的勝利です。

次のものは一四八五年に地元の画家ジャコモ・ボルローネが「笞打ち修道士会」としても知られるある厳格な修道会の小礼拝堂の外壁に描いたものです（図32）。この画家についてはいろいろと調べてみたのですが、地元の画家であるという以外特別な情報はありません。この修道会はイタリアのロンバルディア地方のクルソーネと呼ばれる小さな町にありますので、そちらにお遊びのさいにはこの場所を訪れて外壁を鑑賞してください。五〇〇年以上の歳月に耐えてきた外壁ですが、落剥がはげしい外壁は「時の笞打ち」にあっているようで痛ましい限りです。崩落寸前ですから、全体を剝ぎ取ってローマあたりの美術館にでも移したらと思うのはわたしひとりではないでしょう。

図33　死神の勝利、ジャコモ・ボルローネ

図32　笞打ち修道会の小礼拝堂の外壁

さて画像です（図33）。

中央のガラス窓のついた大きな石箱には二人の教皇が窮屈そうに横たわっております。彼らの下にも歴代の教皇がいるとすれば、それはもうぎゅうぎゅう詰めの状態で、英語で表現すると「サーディンの缶詰」状態です。しかも石棺の周囲に目をやると、ウジ虫などがわいていることが分かります。この石棺の上には三人の死神が立っております。真ん中の死神は冠のようなものをかぶっておりますから、三人の中では一番偉いのでしょう。この死神は右と左に四つの巻物の断片みたいなものを広げております。拡大しても読み取ることはできませんが、ある解説書によれば、そこには「（すべてのもの）を平等にする死がおまえの所にやって来た。おまえの富ではなくて、おまえがほしいのだ。どんな主人よりもわたしは冠をかぶるにふさわしいのだ」とか、「わたしは死（神）だ。そう呼ばれる。わたしはそのときがきた者を打つ。だれも自分自身を救うことができるほど強くはない」とか、「男や女たちは死に、この世を離れて行く。もし彼らが神を怒らせていたら、残酷な仕打ちを受ける」とか、「神に敬意を払い正しく生きた者は……死に遭遇することはない。永遠に向かうからだ」と書かれているのです。

まあここには神学的には都合のよい「救いへの道」も示唆されておりますが、その救いに与れる者はいないようです。左側の死神のアシスタントは矢筒から矢を取っては、人びとに向かってそれを放っております。至近距離ですから的を外すことはありません。右側の死神のアシスタントも種子島に伝来した火縄銃のような鉄砲を構えております。この石棺の周囲にはひとりの教皇、ひとりの枢機卿、少なくとも五人の司教、王や王妃たち、それに貴族たちが描かれております。面白いの

図34　死神の勝利（全体）、ピーテル・ブリューゲル

は彼らが、これはやばいと考えて、献げ物をして死神たちのご機嫌を取っていることです。この献げ物は何でしょうか？　王冠を差し出す者もおります。ミサのときに使用するホスティア（キリストの体である聖餅）を差し出す者もおります。死神は矢を放ちつづけておりますから、有効な献げ物はないことが分かります。

こちらはピーテル・ブリューゲル（一五二五ころ―六九）が一五六二年ころに描いた「死神の勝利」です（図34）。

あらゆる場面で死神が生ける者を相手に圧倒的な勝利を収めております。そのいくつかの部分拡大図をお見せいたします。

最初は画面の左下に見られる場面です（図35）。死神がこの世の王に砂時計を見せております。こちらは画面の中央下に見られる場面です。死神たちがこの世の生ある者たちを相手に戦っております。画面の左上には死神の大将がやせこけた馬にまたがりながら、大きな鎌を振りかざしております。死神を打ち倒す者はおりません。

次は画面の左下の部分の少しばかり上です（図36）。ここでは荷馬車を曳くやせこけた馬にのる死神が描かれております。死神は大きな砂時計を手にしております。馬の背にカラスが一羽とまっております。ブリューゲルはしばしば荒涼たる風景の中にカラスやカササギなどを描きます。このカラスはやがてこの場所が荒涼たる場所、殺伐たる場所になることを暗示します。荷馬車の上には骸骨が満載されており、死神の圧倒的勝利を示しております。荷馬車の上には十字架を立てた壁の

図35　死の勝利（部分）、ピーテル・ブリューゲル

図36　死の勝利（部分）、ピーテル・ブリューゲル

内側には大勢の死神たちが手を差し出して勝利の歌か何かをうたっております。死神の大将の右上には網を投げて生ける者たちを捕らえようとしている死神が描かれております。一網打尽という言葉が見る者の脳裏に浮かんでまいります。こちらはその網にかかった生ける者たちです（図37）。網に入れて前の水溜まりにでも投げ込み溺死させようとしているのもしれません。画面の下では、死人となった者が入っている棺桶を引っ張るマントを着た死神が二人描かれております。もちろん、その行き先は墓場です。こちらは画面の右下部分です（図38）。楽しい食卓に死神の一群が闖入してきたため大騒ぎですが、それに気づかずにリュートを奏でている男や、楽譜を一緒に見ながらそれに唱和している女が右下に描かれております。食卓の前に描かれた男は長い剣を抜こうとしてお

図37　死の勝利（部分）、ピーテル・ブリューゲル

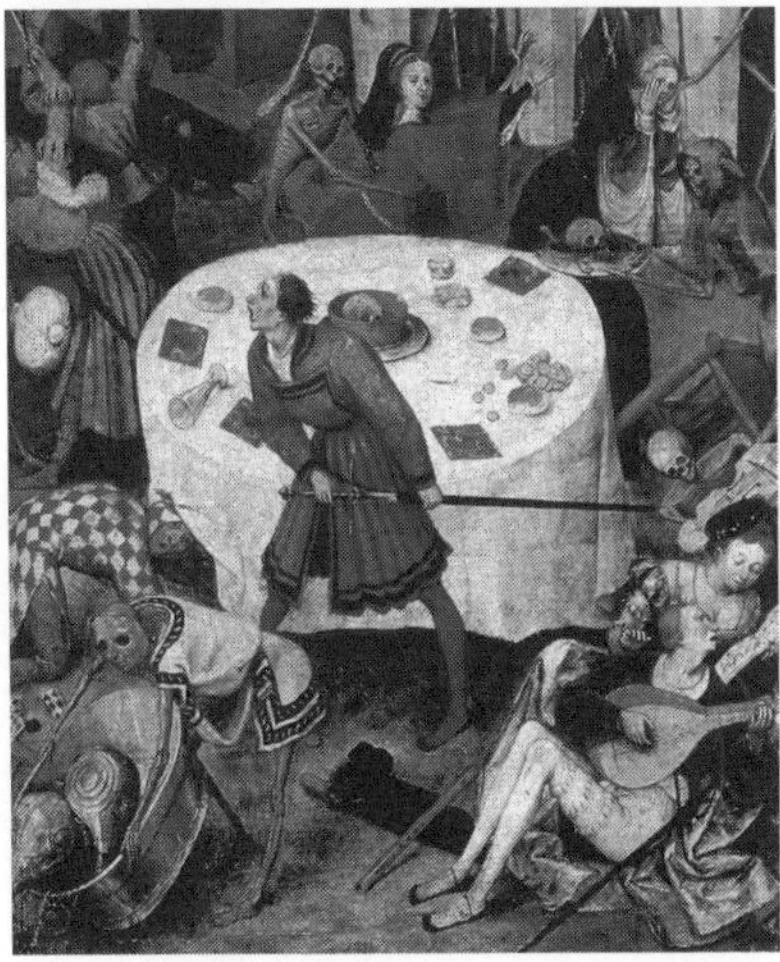

図38　死の勝利（部分）、ピーテル・ブリューゲル

図 39　死の勝利（部分）、ピーテル・ブリューゲル

ります。その剣には十字架状のかさがついておりますが、十字架が護符となるかどうか。ならないからこそ、この男の空威張りが絵になるのです。

最後は画面の右上部分です（図39）。

死神が生ける者から奪い取った十字架のかさのついた長剣でもって男を滅多打ちにしようとしております。男は跪いて十字架に手を合わせておりますが、死神の前で十字架が救いをもたらす奇蹟を演じることはないのです。死神と男の前には一本の木が描かれ、その上には車輪のようなものがついておりますが、その縁にはカササギがとまっております。カササギは、寂寥感とか寂寞感を出そうとするときにブリューゲルが隠し球のようにして使用する小道具のひとつですが、ここでのカササギを見ておりますと、「雪景色の中の狩猟師たち」の中のカササギ、「ゴルゴダの丘への行進」の中のカササギ、「絞首台の上のカササギ」、「鳥罠のある冬景色」の中のカササギが自然と思い起こされるのではないでしょうか?

ヴァニタス――死の寓意画

ご存じかと思いますが、一六世紀から一七世紀にかけてフランドルやネーデルランドなどヨーロッパの北部で展開したキリスト教美術に「ヴァニタス」と呼ばれる寓意を込めた静物画が盛んに描かれるようになります。何が寓意なのかと問われれば、「人生の短さ」「人生のはかなさ」「虚飾の空しさ」からはじまって、「装飾品で身を飾る空しさ」「お肌の手入れの空しさ」「やがてはだらーんと垂れる定めのもとにある乳房のリフティングの空しさ」等などが寓意として絵の中に込められるのです。それなりの思想性が与えられるわけです。そのため、一方では書物や、美しい花、人物などを描きながら、他方では人間が死すべき運命に置かれていることを示す頭蓋骨や、人生の短さなどを示す砂時計や日時計、人間が朽ちる存在であることを示す果実などが描かれるのです。ここでの付き物のうち骸骨は必ず絵の構図の中の中心的な位置を占めるものですが、注意を払っていただきたいのは、それが必ずしも死神そのものではないことです。しかし、それでもそれは生きとし生けるものすべてを待ち受けるのは死であることを示すものとなります。わたしはヴァニタスの中の骸骨はイエスが十字架に架けられたゴルゴダ(その意は骸骨)を指し示すものかと想像したりして、相当数のヴァニタスの絵を集めてみたのですが、これまでのところ、それとは関係ないも

図40　ヴァニタス（メメントー・モーリ）、作者不詳

のだと理解するようになりました。逆にそれが十字架と何の関係もないのであれば、そこにはキリスト教徒が口にする「復活」の希望とは見事な断絶があることになります。ヴァニタスは思想的にはキリスト教の神学に背を向けたものと理解してもよいものかもしれません。もしそうであれば、この絵の登場を、それなりに、評価してもよいのかもしれません。

少しばかり図像をお見せいたします。

最初にお見せするのは作者不詳のもので、現在、ブダペストの美術館に所蔵されているものです

(図40)。「ヴァニタス(メメントー・モーリ)」と題する作品です。一五〇二年ころに制作されたものです。女が骸骨の上に乗っております。いかにも不安定です。女はいつ足を踏み外すか分かりません。彼女の右手の掌には球体が置かれ、その上に日時計が描かれております。この女性の腹に目をやってみましょう。皮下脂肪の多い、三段腹直前の、思わず目をそむけたくなる状態のものです。これだけの栄養分を取れるということは、一六世紀はじめの庶民の栄養摂取量からすれば、彼女は

図41　ヴァニタス、ピーテル・クラース、1625年

図42　ヴァニタス、ピーテル・クラース、1630年

庶民ではなくて、貴族階級に属する者であったことが分かります。もしかして、うまい物ばかり口にしている聖職者の愛人だったりして。

次はピーテル・クラース（一五九七―一六六〇）が制作した「ヴァニタス」と題する二つの作品です。これは一六二五年ころに描かれたものです（図41）。骸骨の前には花と石榴《ざくろ》が描かれております。まず花に目をやってください。茎の下半分とそれについている葉はすでに枯れております。花それ自体の美しい色も退色し、散るのも時間の問題です。石榴はすでにひからびております。燭台の上の蝋燭は消える寸前です。この世での生活を暗示する懐中時計や家の鍵も描かれております。もうひとつの作品がこれです（図42）。こちらの頭蓋骨は書物の上に置かれております。こちらの燭台にはローソクは見えません。もうすでに燃え尽きてしまっているのです。グラスが飲み口を下にして描かれております。かつてそれは赤ワインや白ワインを飲むのに使われていたに違いないのですが、その者はもうこの世には存在しないのです。この骸骨の上顎にはまだまだ使用できる歯がしっかりとついております。ということは、これは六〇代前の男のスケルトンであることを示すものとなります。この骸骨自体、死が「まだまだ平気だ」と思っている者をある日突然襲うことを示しております。救命医師はおりません、その頃は。

次は「ユトレヒトのアドリアエン」（一五九九―一六五二）と呼ばれる画家が一六四二年ころに制作した作品です（図43）。この画家はその名前からユトレヒト出身かと想像しがちですが、さにあらず、アントウェルペン（アントワープ）出身です。この絵の題は「ヴァニタス――花束と骸骨のある静物画」です。美しい花束です。もしそれが造花であればそう簡単には散らないでしょうが、

図43　ヴァニタス――花束と骸骨のある静物画、ユトレヒトのアドリアエン

それが生ものであれば、はかないものです。机の上には虚飾を象徴する真珠の首飾りが、そして富を象徴する硬貨が描かれております。骸骨が書物の上に置かれておりますす。本の上に置かれているのが気になります。そんなに本を読むな、知識を積み上げたところで……この教えは旧約聖書のコヘレトにありそうです。そこでわたしは普段はまじめな読書対象とはしていないこの書をぱらぱらと紐解いてみました。ありましたよ、ありました。第一章の一八節に「知恵が深まれば悩みも多くなり、知識が増せば痛みも増す」とあります。わたしでしたら「知恵が浅ければ悩みも多くなり、知識が増えなければ痛みも増す」と言うところです。骸骨の下には細長いキセルが描かれておりますす。キセルからは煙が出ますが、その

図44　ヴァニタス、ダウィド・ベイリー

煙はすぐに消えてなくなるものです。骸骨の背後には葡萄酒を注ぐ縦長のグラスとそうでないものが二つ描かれております。

次はオランダの画家ダウィド・ベイリー（一五八四―一六五七）の作品を二点ばかりお見せいたします。

最初は召使いとして使用されている若い黒人を入れたヴァニタスです（図44）。

骸骨が机の中央の本の上に置かれております。その前にはくしゃくしゃになった紙が見られます。アドリアエンの絵の右端にもくしゃくしゃにされた紙が見られました。骸骨と砂時計も骸骨の左隣に見られます。骸骨と砂時計の間には、蝋燭の溶けた燭台が描かれております。リュートは一五―一七世紀に使用された弦楽器ですが、それが机の上の空間を不自然なほど大きく占め、その上には自然の美である花が描かれておりますが、花の色は退色が進んでおります。机の上にはフルートも置かれております。こちらもリュートと同様にヴァニタスを示すものなのです。音楽があれば、絵や彫像です。パレットと絵筆、そして小さな彫像が見られます。視覚的なアートもヴァニタスなのです。そうすると、ヴァニタスを表現するこの絵自体も、実は、ヴァニタスとなる皮肉があります。この画家はそれを承知で、この絵を制作しているのでしょうか？　画面の左には大小さまざまのシャボン玉が浮かんでおります。これはヴァニタスを象徴するのではなくて、生の脆さを表現しているのかもしれません。右側に描かれた黒人の召使いの若者は、非常に

図45　ヴァニタスを象徴するものと一緒の自画像、ダヴィド・ベイリー

図46　骸骨を手にもつ若者、フランス・ハルス

太い金の鎖を肩の後ろから前にかけておりますが、また別の銀の装身具をも首の周りにかけております。若者の高価な装身具はいずれも主人から与えられたものでしょうが、それは彼が主人に忠誠を尽くし主人の信頼を勝ち得ていることを示しているとはいえ、その装飾品もいずれは彼の手を離れるもの、この世でのはかない生を飾り立てる小道具にすぎないのです。この若者の主人はこの絵の中に描かれておりますが、お気づきでしょうか？　若者の右親指と人差し指の間に置かれている小さなペンダントのようなものに主人の姿が描かれているのです。

次は作者の自画像が見られる「ヴァニタスを象徴するものと一緒の自画像」と題するもので（図45）、前作よりも一年後の一六五一年に制作されたものです。この絵の中には作者の自画像ばかりか、何人かの肖像画も描かれておりますが、人生のはかなさや短さを示すものとして、骸骨や、火の消えた蝋燭、硬貨、真珠の首飾り、飲みかけの白ワインの入っているグラス、懐中時計、散り始めたバラの花びら、シャボン玉、キセルなど、ヴァニタスを表現する定番商品が見られます。しかし、ここでのベイリーは、定番商品だけを描くのでは退屈ですので、自分の自画像でひと工夫するのです。ひと工夫されたものにはひと言必要です。

この画家は一五八四年にオランダのライデンで生まれました。彼がこの絵を描いたのが一六五一年だとされますから、これは六七歳のときの作品となります。しかし、ここに描かれている自画像はどうでしょうか？　これはどうみても若作りの自画像です。年齢詐称の自画像です。しかし、この絵の中には六七歳の彼も描かれているのです。彼の左手が支えている卵形のポートレイトがそうです。彼は若い日の自分と年老いた自分を対比させることで、人生の短さを強調しているのです。

最後はオランダの肖像画家フランス・ハルス（一五八一―一六六六）が一六二六―二八年に描いた「骸骨を手にもつ若者」と題する作品です（図46）。なぜ若者の手に骸骨を置いたのでしょうか？　早い時期から死を意識する（メメントー・モーリ）ことが大切だと、この作家は訴えようとしているのかもしれません。日本の成人式でも若者に骸骨をもたせたりしたらどうでしょうか？　行政に一工夫も二工夫もほしいところです。

今日の講義は以上です。

第5講　リンボのキリストと悪魔、煉獄・地獄と魔王

わたしはメカに非常に弱い人間なので、携帯電話さえ身につけておりませんが、今日まで世渡りの上で困ったことは一度もありません。さすがにパソコンだけは商売道具でありますので、それだけはわたしの書斎の机の上に三台ばかり鎮座しております。それを何とかこなせるのはメカに強い息子がいるからですが、その息子が最近わたしに「オヤジ、ときどきブログをチェックしたら面白いよ」と申しますので、それを開いてみました。

書かれておりました、たくさん。

わたしが出版する書物についていろいろ書かれておりました。とくにエウセビオスの『教会史』（講談社学術文庫）には多くのひとが「よくぞ学術文庫の中に入れてくれた、ありがたい」といったようなコメントをしてくれ、それは、「世のため、人のため」を人生の最終目標のひとつに掲げ、数多の女性の誘惑を退け、日々つつしんで刻苦勉励しているわたしを励ますものでした。しかし、ブログの中に「秦の書く物はキリスト教信仰にとって有害だから、みなさん読まないようにしましょう」とお節介にも不買運動を興す勢いの一文もありました。わたしが世に問う書物にたいして何と書こうとそれは執筆者の自由ですが、不買運動にもっていこうとして渾身の力を振り絞って書いたと思われる一文にはむかつきました。名前が書かれていなかったからです。名前が書かれていなくても、どのスジの者が書いたのか、およその見当をつけることは可能です。そこで早速その一文を分析の対象にいたしました。そのブログの書き手はプロテスタントのファンダメンタリストであることは間違いなく、さらにその一文に通底するヒステリックなトーンをも分析の対象にすれば、ブログの筆者は「牧師」か「牧師くずれの者」に絞り込むことができます。プロテスタントの牧師や牧師くずれにはほとんどつねに人物類型があるからです。

次はカトリックの反応です。公平を期してです。

わたしの家内はある病院に入院していたときある老齢のご婦人と知り合いになりました。こちらも家内同様、末期癌から生還された方です。家内がその方にわたしの近著『名画でたどる聖人たち』(青土社刊)を贈ったところ、さっそく彼女から丁重な返礼の手紙がありました。それによると、彼女はカトリックなのでわたしの意見には同調することができないところがあるが、こんなに面白い本を読んだことはないと言い切られるのです。読み終わったときには、免疫力がアップしたと言われるのです。彼女の教会の神父さんは海外に行くたびに信者のために英語やイタリア語などで書かれた本を購入し、せめて絵だけでもいいから本を読みなさいと信者たちに勧めるそうですが、内容の分からない本を絵だけで理解しろというのは無理な注文であり、また説教もうまくはなく、そのため本を読む習慣を無くし、キリスト教について考えることもだんだんしなくなったというのです。しかしわたしの本には自分の知らなかったキリスト教の世界が書かれてあり嬉しいと言ってくれるのです。来期のカルチャー・スクールでのわたしの講座を、まだ存命していれば、受講したいと仰ってくださるのです。一方のプロテスタントからは「これは有害な書物」と糞味噌に言われ、他方のカトリックからは過分な評価を受けるのですが、みなさん方は最近のわたしの本をどのようにお読みになられたでしょうか?

さて、前回の講義では「死の表象」や、「死神の勝利」、「ヴァニタス」を取り上げましたが、今日の講義では「地獄」や、「冥界」、「リンボ」、そして「煉獄」を取り上げたいと思います。地獄とは冥界はわたしが是非是非訪ねてみたいところですが、困ったことに、わたしの友人の多くが「おまえはもしかして地獄ではなくて天国に行けるんじゃないの」と茶々を入れることです。わたしは日頃から天国くらい退屈な場所はない、それに反して地獄ではいろいろな人に会えるぞ、教皇などの釜ゆでも楽しめるぞ、退屈な瞬間は少しもないのではないかと大まじめで考えているので、友人たちがたとえ好意でそう言ってくれても、少しも嬉しくないのです。もっとも本心を言えば、死にたいしては非常にさめております。

最近わたしはある雑誌で、医師でもあった作家の渡辺淳一さんが大学で解剖学を専攻して死にたいする考えがまるで変わったこと、死は一切のものの終わりであることを解剖学は教えてくれたと書いておられました。非常に共鳴いたします。解剖学をやる医師の中に永遠の生命など信じる者はいないとわたしは想像しますが、渡辺さんは「永遠の生命」という宗教的な匂いのする用語は使用しておられなかったのですが、そのようなものの存在などはあり得ないとはっきりと断言しておられました。死はすべてのもののジ・エンドだと考えるわたしにとって、天国や地獄の存在などは思考の外にあるものなのです。しかし、西欧キリスト教美術を鑑賞するにあたっては、それを思考の内に入れねばならないのですから、大変です。一方ではそれを完全に否定しながら、他方ではそれについて考えつづけねばならないのです。ヤレヤレなのです。

父祖たちのリンボ

カトリックに「父祖たちのリンボ」という言葉があります。ここでの父祖たちというのは創世記に登場するあの父祖たちです。アブラハムです。ヤコブです。イサクです。ヨセフです。どの名前も馴染みのあるものだと思われます。

これらの父祖たちはいずれもキリスト登場以前の者たちですが、彼らはキリストの救いに与れるのでしょうか？　彼らは天国に行けるのでしょうか？　いやそもそも、彼らは今どこにいるとされるのでしょうか？　彼らはリンボにいるとされます。リンボとは天国と地獄の中間にある浄化の場所を指します。彼らはそこで浄化されてキリストの救いを待っているとされるのです。

多くの聖書学者はアブラハムや、ヤコブ、イサクらを歴史上の実在者であるとナイーブに信じていると思われますが、それは多分彼らの信仰が学問的好奇心よりも優先されるからでしょう。お気の毒に。もしキリスト教徒が旧約聖書をも彼らの正典文書を構成する一書として受け継ぐのであれば、この父祖たちが創世記の中で「義しい者たち」とされているだけに、その取り扱いは神学的に非常に難しいものとなります。

わたしはこのような父祖たちが本当に実在したとは考えません。しかし、創世記で「父祖たち」と言われる者たちが現在のパレスチナと呼ばれる土地で遊牧民的な暮らしをしていたのではないかと想像します。そのため、わたしの大学の宗教学の講義では父祖のたちの歴史を語る前に現代の遊牧民であるベドウィンについての話をじっくりといたします。

わたしはこれまでイスラエルやシリアのベドウィンの村や天幕を訪ねたことが五、六回はありますが、それはこの遊牧民の生活様式を創世記が語る父祖たちのそれと重ね合わせているからです。創世記の「父祖たち」は、ベドウィンのような形でカナンの土地を南へ北へ、東や西へと移動していたのではないかと思われるからです。わたしはベドウィンの族長と話をする機会があれば、彼らの共同体を支配する法（掟）とは何かとか、彼らの法（掟）は居留先の国の法を超えるものであるのかどうかを尋ねることにしております。それは目には目を、入れ歯には入れ歯を、じゃなかった歯には歯の「同害報復」に関心があるからです。

少しばかり脱線しましたが、本題に戻ります。

エウセビオスの議論

四世紀の教会の物書きにエウセビオスと呼ばれる人物がおります。『教会史』を著したことで知られている人物です。わたしはかつてその翻訳を山本書店から出版してもらったのですが、去年でしたか、講談社の学術文庫に入れてもらいました。「余命幾ばくもない」状態から「まだまだ頑張るぞ」の状態にしてもらったのですが、わたしが本書を翻訳した最大の理由は、エウセビオスがヨセフスを頻繁に利用しており、古代世界における教会の物書きたちの反ユダヤ主義を知るのに絶好の書物だと思ったからですが、それに加えわたしはこの書のはしがき部分を読んでいるとき、そこでの議論が面白そうだなと感じたからです。そこにはヨセフスの著作への言及もなければ、彼の反ユダヤ主義展開を予想させるものもなく、あるのは「父祖たち」についての議論だったのです。もちろん、エウセビオスは旧約聖書の父祖たちの歴史的実在を信じ、彼らに大きな敬意を払っております。問題は彼らが教会的な視点からどう扱われているかでした。父祖たちにつづくのはモーセです。ですからモーセもまたどのように扱われているかがわたしの好奇心を刺激したのです。

エウセビオスははしがきの冒頭部分でまず「先在のロゴス」論を展開させます。「洗剤のロゴス」論ではありません。「先在」ですよ。天地創造に先だって存在し、神とともにその創造に与ったとするヨハネ福音書の冒頭の「はじめにロゴスが存在した……」にもとづく議論なのですが、エウセビオスによれば、「人類の最初の誕生以来、正義と敬神の念の徳において（他の者を）凌駕したと言われる人は、いずれも穢れなき精神の目でその方（ロゴスである先在のキリスト）を認め、神の子にふさわしい畏怖の念を払ったのである」と言うのです。まあ、ここからはじまって、彼はユダヤ民族の歴史をモーセを含む「モーセ以前の歴史」とそれ以後の歴史に分け、「モーセ以前の歴史」に登場した父祖やモーセたちを、言うなれば「キリスト教徒の予備軍」に仕立てあげるのです。

この議論はどのように展開される可能性を秘めているのでしょう。

まあ、神学というのは荒唐無稽なことを想像する虚学のひとつですが、ここでの議論はその後どのように展開するのかです。

エウセビオス以後、教会の物書きたちのだれとだれが彼の議論を継承・発展させたのか、不勉強なわたしは何も知らないのですが、何年か前に「父祖たちのリンボ」という言葉が中世のキリスト教世界においてつくられたことを知ったとき、それとのエウセビオスの結び付きを考えたものです。リンボとは父祖たちが留め置かれる暗闇の世界ですが、そこに「復活の旗」を掲げたキリストが颯爽とやって来て、そこに留め置かれた者たちが解放されるのです。後になると、このリンボには創世記の父祖たちばかりではなく、旧約聖書に登場する「義人たち」や、洗礼を授けられる前に亡くなってしまった幼子たちも留め置かれるようになりますから、大変です。リンボに留め置かれた者たちは、解放されると即天国行きのプラチナ切符が切られるようですが、一般庶民がこのプラチナ切符をすぐに手に入れることはありません。彼らは復活の日と最後の審判を待たねばならないからです。

リンボを理解していただくために画像をお見せいたします。

リンボの画像と画家たちの理解

最初にお見せするのはドゥッチオ・ディ・ブォニンセーニヤ（一二七八―一三一九）が描いた「黄泉への降下」です（図1）。英語で言えば Descent to Hell ですが、うまい訳語がないので困ります。キリストが黄泉の世界に降下していく場面を描いたものではないからです。先に進んで見る他の絵の題名から、簡単に「リンボのキリスト」と言った方が誤解を招かないと思います。リンボは真っ暗闇の世界のようです。その入り口を守っているのは悪魔（たち）ですが、キリストはいとも簡単にその戸口をぶち壊しての入場です。悪魔を踏みつけております。キリストは「復活の旗」と呼ばれる旗を左手にし、右手でアダムの右手を取っております。ニコデモ福音書によれば、アダムは九

図1　リンボのキリスト（黄泉への降下）、ドゥッチオ・ディ・ブォニンセーニヤ

三〇歳で亡くなったそうですから、このリンボに閉じ込められた者たちの中では最年長です。アダムの後ろにはエバがおり、アダムとエバの背後には父祖たちが描かれております。真ん中の列の一番右端の人物は王冠のようなものをかぶっておりますから、ダビデのように見えますが、その人物は書物、すなわちモーセの律法が書かれた書物を左手にもっておりますから、モーセとなります。三列目の右から二番目がダビデではないでしょうか?

次はアンドレア・ダ・フィレンツェ(一三三七ころ—一三七七ころ)がドミニコ派に属するサンタ・マリア・ノヴェッラ聖堂のスペイン人礼拝堂のために描いたものです(図2)。制作年代は一三六五年から一三六八年までの間のある時期とされております。キリストはリンボの戸口の板の上に立って、悪魔を下敷きにしております。キリストに手を差し伸べているのはアダムであり、エバがそれに続いております。二人にはすでに光輪が描かれております。二人の背後には大勢の聖人や聖女たちが描かれておりますが、その数は多すぎて「だれがだれやら」です。上段の中央のやや右寄りのところには教皇冠をかぶった教皇が立っております。画面の右側には悪魔たちが描かれ、そのうちの二人はただならぬ気配を察知して中の様子を窺っております。このリンボの外側の形状は大きく口を開いたレビヤタンのそれです。先に進んでから見ますが、レビヤタンは大きな口を空けて、罪人たちをひと呑みし、奈落の底へ送り込みますが、ここではその大きな歯をかたどったものが認められます。

次はフラ・アンジェリコ(一四〇〇ころ—五五)が、一四四一年ころに、フィレンツェのサンマルコ修道院の第三三室の壁に描いたフレスコ画です(図3)。復活を果たしたキリストが「復活の旗」

図2　リンボのキリスト、アンドレア・ダ・フィレンツェ

図3　リンボのキリスト、フラ・アンジェリコ

をかざしながらリンボに乗り込んできた感じのする絵です。キリストはリンボに閉じ込められていた者たちに向かって「はよせんかい」と言っているようです。閉じ込められていた者たちは急いでそこから脱出しようとしております。最初に飛び出してきたのはアダムで、その後ろにエバがおります。エバの左隣の若いのは誰でしょう？　洗礼者ヨハネである可能性もあります。その後ろの人物はモーセでしょうか？　モーセは殺人と屍体遺棄と逃亡の「犯罪の三点セット」の持ち主ですが、特別扱いなのです。

こちらは一四三〇年から一四五〇年ころにかけてシエナで活躍したとされる画家の作品です（図4）。ハーバード大学のフォッグ美術館で見ることができます。カラーでないのが残念ですが、キリストは薄いクリーム色で描かれた身光の中に置かれております。身光のやわらかな明るさがリンボを支配する闇の暗さと対照をなしております。リンボからの解放が約束されているせいでしょうか、旧約の義人たちは落ち着いたものです。現在、ラッシュ時の駅では「整列乗車」というのをやっておりますが、これはさながら行儀のいい「整列脱出」です。

この整列組の先頭でぬかずいている二人の男は誰なのでしょうか？

ひとりはアダムでしょうが、もうひとりは？　右側に立っていて本をもっているのはモーセでしょう。「その隣の女性はエバ、それとも？」というところです。彼女の左隣の若い男はキリストの方を指して「この人だれ？」といった仕草をしているように見えますが、そうではなくて「このひとはわたしがヨルダン川で洗礼をほどこした方なんですよ」と言っているとすると、この人物は洗礼者ヨハネとなります。とはいえ、このリンボにいる者たちは全員キリストのことを何も知らな

図4　リンボのキリスト、作者不詳

図6　リンボのキリスト、アンドレア・マンテーニャ

図5　リンボのキリスト、フリードリッヒ・パッヒャー

いわけですから、そこに閉じ込められている旧約の義人たちはすべて「この人だれ?」と戸惑いを覚えたはずです。それとも彼らはキリスト先在論か何かをたたき込まれていて、キリストは天地創造以前にすでにアイオーンの世界に存在していて、神と一緒に天地を創造したとする話をどこかで聞きかじっていたのでしょうか? このリンボもレビヤタンのように大きく口を開いております。

次はフリードリッヒ・パッヒャーが一四六〇年代に制作した「リンボのキリスト」と題するものです(図5)。キリストがリンボに閉じ込められていた者たちをその外の世界に連れ出そうとしております。アダムとエバほかはみな裸です。エバの髪は腰まで垂れております。ここでのキリストの体には聖痕の跡がまだはっきりと認められます。その痛みのため、キリストは憔悴しております。ここで注目したいのはリンボの世界が大きな石を積み上げた建物として描かれていることです。ある解説書によると、この時代の人びとはリンボとか地獄は外からの侵入者にたいして難攻不落の要塞のような場所だと想像していたとのことです。その理解を背景にしてこの絵を見れば、なぜリンボが石造りなのか分かるというものです。

次にお見せするリンボも石造りのしっかりしたものです。アンドレア・マンテーニヤ(一四三一—一五〇六)が一四六八年ころに制作したものです(図6)。彼の「死せるキリスト」(プレラ美術館)をこのエッチングの中のキリストとダブらせてみようとしたのですが、あちらはあちら、こちらはこちらのようです。

キリストの頭の上には翼をもった三人の悪魔が描かれております。彼らは戸口の守護者です。そのうちの二人はラッパを吹いております。悪魔たちにとっては、「さあ、大変」の事態が発生したからです。キリストの右隣に立っている三人の人物のうちの左二人はアダムとエバで、右の人物は耳を塞ぐ仕草をしております。悪魔の吹くラッパの音がうるさいからです。キリストの左側で大きな十字架を支えている男がおります。わたしはこの人物が洗礼者ヨハネかなと想像したのですが、ある解説書によると、イエスと一緒に十字架にかけられた強盗のひとりだそうです。

言い伝えによれば、この強盗はその後、己れの所業を悔い改めたそうです。ルカ二三・二四によれば、十字架に架けられたときのイエスは強盗に向かって「はっきり言っておくが、おまえは今日わたしと一緒に楽園にいる」とわけの分からぬことを言っておりましたが、このあたりからこの強盗は悔い改めたとされたのです。ニコデモ福音書によれば、その者の名はディスマスだそうです。この強盗はカトリック教会によって列聖されたわけではないのですが、ローカルな英雄となります。

図7　楽園にいるよき強盗、イコン

その証拠はモスクワのロシア正教会が保存する一五六〇年ころに制作された「楽園にいるよき強盗」と題するイコンです（図7）。「よき強盗」とは言葉の形容矛盾で笑ってしまいます。せめて「立派に更正した元強盗」としたいものです。

アルブレヒト・デューラー（一四七一―一五二八）が制作した木版と銅版の「リンボのキリスト」と題する作品二点をお見せいたします。最初の一点はウィーンのアルベルティーナ美術館が所蔵するもので、一五一〇年作の木版画です（図8）。復活の旗を左手にもちながら、キリストがリンボに閉じ込められた者たちに次々と解放の手を差し伸べております。左側の十字架を支えているのは裸の男ですから、これはアダムです。アダムはリンゴを手にしているものの、それを口にはしておりませんから、罪を犯す前のアダムということになります。罪（原罪）を犯していないのであれば、救うに値いするとなるのです。このあたりの神学的ロジックはすっと頭に入るものではありません。屁理屈だからです。アダムの後ろには裸のエバがおります。

この絵が少しばかり目新しいのは十字架の下に子供が描かれていることです。ここまでお見せした画像では旧約の父祖たちや義人たちの解放が一大テーマでしたが、ここに子供が入り込んでいるのです。ある解説書によると、ここでの子供たちはキリストの誕生を恐れたヘロデ王によって殺されたベツレヘム周辺の子どもたちを指すそうですが、もしそうならば、この物語の種本となっているファラオによって殺された「イスラエルの子ら」の男子はどうなるのでしょうか？　この画像の背後には、洗礼に与ることなくして亡くなった子は天国には行けないのかという議論が大まじめであったことは確かなようです。そのような子は一時的にリンボに留め置かれ、やがてキリストの救いに与るとされたのです。

二点目はニューヨークのメトロポリタン美術館が所蔵する一五一二年作の銅版画です（図9）。リンボの入り口付近にはたくさんの悪魔がおります。キリストは復活の旗を左手にして右手で男の手を押さえております。もしこの男が皮の毛衣を着用しているのであれば、彼は洗礼者ヨハネとなります。アダムとエバを比較してみますと、ここでのアダムはエバよりもはるかに年老いておりま

図8　リンボのキリスト、アルブレヒト・デューラー、木版画

図9　リンボのキリスト、アルブレヒト・デューラー、銅版画

す。エバはアダムの娘であるとしてもおかしくありません。アダムが誕生してから二〇年か三〇年経てからエバが誕生したのですね。デューラーは創世記の人類誕生物語に新しい解釈を施していることになります。確かに、創世記を読み直してみてもアダムとエバの同時誕生とは書かれておりませんから、このような解釈も可能です。ニコデモ福音書によると、アダムは九〇〇歳以上で亡くなっておりますが、この図像のアダムは何歳くらいに見えるのでしょうか？

図10　リンボのキリスト、ティントレット

こちらはティントレット（一五一八―九四）が描いたものです（図10）。この絵をしばらく眺めておりますと、対角線が二本ひけることに気づかされます。リンボに飛び込んできたキリストから裸のアダムと裸のエバへの一本と、右上に飛翔しているミカエルと思われる天使から左下の悪魔と思われる堕天使の間までのもう一本ですが、この対角線の交差点から下半分は人、人、人と人のラッシュです。描かれている者たちを拡大してみますと、そこには旧約とは関係のない者たちが随分と認められます。それもそのはずです。ある解説書によりますと、この絵の制作を依頼したのはサンカシアーノの御聖体カトリック教会の参事会のお偉方で、彼らは自分たちもキリストの救いに与りたいから、自分たちをも旧約の義人たちの中に入れろと注文をつけたのです。エバの肢体が怪しく描かれているだけに、この絵を見る者の視線はエバとその周辺に描かれている参事たちに集中します。ティントレットは金を積まれてこんな絵をも描いたのでしょうか？　金を積まれれば何でもするという無節操な画家は大勢おります。金を積んで画壇で出世していく画家もおります。現代でもおりますよ。Aさんでしょう、Bさんでしょう、Cさんでしょう……。

最後にお見せするのはウェブから取り出したものです（図11）。イスタンブールにあるギリシア正教の聖堂に描かれた一五世紀の壁画です。

この絵の中央上にギリシア語でアナスタシスと書かれております。定冠詞付きのアナスタシスですから、威風堂々とした表題ですが、その解釈となると少しばかり難しいものです。ギリシア語のアナスタシスには通常「復活」の訳語が与えられますが、原義は「横になっている」状態から「起こされる」ことを意味いたします。問題は定冠詞付きのアナスタシスが復活したキリストだけに言

図11　アナスタシス、イコン

及するものであるのか、それともここでキリストによって起こされているアダムとエバをも含むものであるかです。問題を複雑にしてしまうのは、多分、リンボがカトリック世界の用語で、それに正確に対応するギリシア語がなかったことです。わたしも今すぐには思い付きません。地獄とは別だし……となります。一五世紀や一六世紀に制作されたイコンのほとんどすべてにアナスタシスとあります。

創世記の父祖たちは右側のグループの中におりますが、そこで異彩を放っているのがモーセです。モーセまでを「キリストの救い」の対象に入れているのは、エウセビオスのモーセ理解が、ここで見事に結実しているからです。キリストの左に描かれているのは教会の聖人たちです。彼らの頭には光輪が認められます。聖人たちをこのリンボに登場させる必然性はないように思われますが、彼らを描くことで、右の集団にいる者たちも次に送られる天国で聖人扱いされることが示されております。

以上、長々と「リンボのキリスト」を紹介してきましたが、仄聞するに、現代のカトリックの神学者の中にはこのリンボの概念を否定する者が多いようです。わたしの記憶に間違いがなければ、今から七年か八年前のことですが、ヴァティカンの国際神学者委員会は教皇に、カトリック教会がリンボの概念を認めるのはいかがなものかと苦言を呈しましたが、その理由は洗礼を受ける前に亡くなった子はみなリンボに留め置かれるのか、というものだと思います。日本のカトリックの学者がどう反応したかを知りたいものです。彼らの中にもリンボの存在などをはなから信じていない者は多いのではないでしょうか？　もっとも現在の教皇は済度しがたいほど保守的なので、リンボなどを大まじめに信じているのではないでしょうか？

煉獄

カトリックの教理のひとつに「煉獄」があります。監獄ではありません。間違ったことを口にしてもなんなので、今から二年前に出版された『新カトリック大事典』（研究社刊）に寄稿された石井祥裕さんという方の説明の冒頭を引用いたします。

煉獄とは「神の恩恵および神との親しい交わりを保ちながら、罪の完全な浄めを得ないままで死ぬ人が、死後、天国の喜びにあずかるために必要な聖性を得るよう受ける浄化の苦しみをいう」そうです。

この説明によると、煉獄の一義的説明には「場所」的観念は入り込まないようですが、石井さんが先に進んで説明される煉獄の観念の形成史によれば、一二世紀になってはじめてその観念に場所的イメージが伴うようになったそうです。この観念史はそれなりに興味深いものですが、福音書などに見出されないこの観念の形成に大いにあずかったのはアレクサンドリアのクレメンスや、オリゲネス、あるいはアウグスティヌスと呼ばれる教会の物書きたちで、とくにアウグスティヌスは「浄罪の火」による浄めの観念を提供したそうで、こちらは後の時代に大きな影響を与えるものになります。アウグスティヌスは反ユダヤ的な言説を撒き散らしたことで知られておりますが――わたしはそのことをいくどか指摘しております――、こういう言説には「浄罪の火」でのお清めが必要ではないのかとわたしはぼんやりと考えたりするのですが、みなさん方はいかがお思いでしょうか？　なお、石井さんが引かれるJ・ル・ゴッフの『煉獄の誕生』（法政大学出版局刊）によると、「場所的観念としての名詞的な『煉獄』という言い方が出現するのは一一七〇年代である。この結果、一三世紀にかけて天国・煉獄・地獄という死後世界の三分観、またそれに対応する完全に善良な人、中間的な善良な人、完全に邪悪な人という死者の三分観が定着する」そうです。

わたしはカトリックの教理には無知な人間ですので、長い間「煉獄」は「地獄」の中の、たとえば地獄の三丁目あたりにつくられた特別浄霊地区ではないかと想像していたのですが、それが間違いであることを教えられた次第です。ときどきは『新カトリック大事典』などで勉強しないといけないことも教えられました。もっとも教えられても、「へぇー、そう。カトリックはいろいろあって大変だね」で終わりそうですが、そのさいには十字架上のイエスの死を「全人類の贖罪の死」と理解する考えとこの浄罪思想は相入れないのではないのかと尋ねてみたくなるし、またユダヤ教における贖罪の仕方を教えたくもなります。ユダヤ教においては、少なくとも神殿が炎上した紀元後七〇年以前のユダヤ教においては、一年に一度は巡ってくる「贖罪の日」に大祭司が神殿の中の至聖所に入り、過去一年間にユダヤ民族が犯した罪を覚え、その罪を山羊に移し替えます。いわゆる「身代わりの山羊」の元となった行為です。

それでは図像です

煉獄の画像

一五世紀のはじめに活躍したフランドルのミニアチュール画家にランブール兄弟、あるいはリンブルク兄弟の名で知られる者がおります。彼らは中世の装飾写本の中でもとくにワンダフルなものといわれる『ベリー公の豪華なる時祷書』を一四一六年以前に描いたことで知られますが、この時祷書は日本に紹介されておりますので（日本語題名は『ベリー公のいとも美しき時祷書』〔中央公論社〕）、みなさん方の中にはすでに彼らの作品をよくご存じの方も多いのではないかと思います。

時祷書ですか？

時祷書というのは修道院では何時から何時まではこういう礼拝（聖務日課）をしている、そのためにはこれを口にしなければならない、詩篇のどこそこを読まねばならないとか、この祈りの後で口にする賛美歌はどれであるとかを書き記したものです。

最初にお見せするのはこの時祷書に見られる煉獄です（図12）。

図12　煉獄、ランブール兄弟『ベリー公の豪華なる時祷書』

中央のやや右下に中をくりぬかれた大きな橋が描かれております。ローマ時代の水道橋のように煉瓦造りのがっちりとした建造物です。くりぬかれた空洞を通して大勢の男や女たち、というよりは人間の姿を取った霊魂が次からつぎに地上界から送られてきて、浄めの火を浴びております。カラーでお見せできないのが残念ですが、燃え盛る浄めの火をあらわすために赤色が塗りたくられております。橋の空洞の近くには燃え盛る火をくぐり抜けて真に浄められた男の姿を取った霊魂が「ありがたや、ありがたや。これでわたしは助かった」と手を合わせております。御使いは左手で彼に触り、右手で天を指さして「よかったわね、あなたは天国に行けるのよ」とか何とか言っております。ここでの御使いたちはみな、天界からやってきたのでしょう。橋の上はもうひとつの場面を描いたもので、そこでは女の霊魂が御使いによって天界に引き上げられようとしております。煉獄は男女平等の世界です。どちらか一方の性の霊魂を天界に送り込むのでは困ります。

この絵の右下や左には裸の女性が何人も描かれております。煉獄に裸の女性ですから、わたしは「煉獄は楽しいステキな場所だ」と想像したのですが、画家たちは煉獄でも霊魂を誘惑する者がいると想像し、その誘惑者を裸の女性として描いているのです。画面の左には大きな水溜りがあります。煉獄の火の熱さに耐えかねた者たちが飛び込んでいるようにも見えますが、水攻めにあっている者たちにも見えます。そこに描かれている者たちの中には司教がおります。修道士たちもおります。水攻めであれば、救い上げられる前に、土左衛門にならないのかと心配です。この絵の上方に描かれた三人の御使いに注目してください。彼女たちが天界にまで運ぼうとしているのは小さな姿をした者、すなわち小さな霊魂のようです。いずれにしても、霊魂は御使いによって天界に運ばれ

図13　地獄、ランブール兄弟『ベリー公の豪華なる時禱書』

ることが分かります。霊魂は自力か何かで上に行くのではないようです。

ランブール兄弟が描いた地獄絵もお見せいたします（図13）。

こちらは次の「地獄」の所で取り上げるべきかもしれませんが、ランブール兄弟が想像した煉獄と地獄の違いを見るには並べて見るのが一番です。中央の格子状の焼き網の上に横になっているのは地獄の主人である魔王（サタン）です。王冠をかぶった巨人です。人間の大きさと比べると、途方もなく大きな魔王です。魔王は焼き網の上に置かれても、身体は焼かれないようです。彼は焼き網の上でこんがりと焼き上がった者たちを食べては次つぎに吐きだしております、いや、吹き上げております。大道芸人の中にガソリンか何かを口に入れて、火を噴き出して見せる者がおりますが、ここでの魔王はなかなかの芸達者です。焼き網の左にはこうもりの翼と山羊の角をもつ悪魔が大きな干し草用のフォークでもって地獄の劫火から逃れようとしている者の魂を押し戻しております。悪魔が大活躍ですが、地獄に送られた者たちを拡大してみますと、修道士たちが多いことに驚かされます。地獄の劫火で焼かれる運命に置かれた修道士たちですから、修道院でよほどの悪事を重ねていたと想像しなければなりません。たとえば、女子修道院の若い修道女をつまみ食いしてしまったとか、修道院の会計の帳簿に虚偽の記載をしたとか、厨房で人目を避けて朝っぱらからワインを飲んだりしていたとか、あるいはポルノ雑誌をこっそりと回し読みし見苦しくも興奮していたとか……。もしかして、この程度のものは小さな罪でしかなかったのかもしれません。なお、わたしが参考にしたある本では、この絵に「地獄で苦しめられる悪魔」の表題が付けられておりますが、違和感を覚えます（『西欧絵画に見る天国と地獄』［大修館書店］）。この絵に登場する悪魔はどれも苦しめ

図 14　煉獄から聖人たちを救う聖ラウレンティウス、ロレンツォ・ディ・ニッコロ

図 15　煉獄から聖人たちを救う聖ラウレンティウス、作者不詳

られてはいないからです。

次にブルックリン美術館にある二点の作品をお見せいたします。最初のものはこれです（図14）。画題は「煉獄から聖人たちを救う聖ラウレンティウス」ですが、わたしは「煉獄の劫火から修道士たちを救う聖ラウレンティウス」に改めた方が適当かと思います。ここには復活のキリストの姿はありません。キリストはリンボに降りてきましたが、こちらには降りてこないのですね。煉獄では悪魔が圧倒的に強い存在です。この絵を制作したのはロレンツォ・ディ・ニッコロ（一三九二—一四一二）で、制作年代は一四一〇年と一四一四年の間のある時期とされます。この画家は「聖ラウレンティウスの殉教」とか、「聖ステファヌスの墓に埋葬される聖ラウレンティウス」なども描いておりますが、この聖ラウレンティウスは三世紀のローマ教会の執事のひとりです。彼は二五八年のウァレリアヌス帝の迫害の犠牲者となっております。次にお見せするのもブルックリン美術館所蔵のものです（図15）。ここでのラウレンティウスも地獄の劫火で火あぶりされている者たちのために執り成しをしているようです。なお余計なことを申し上げますが、この人物は『黄金伝説』の中では取り上げられておりません。しかしこの人物が破格の扱いを受けるのは、キリストと十二弟子が最後の食事で使用した「聖杯」を託されたとする伝説があるからです。もちろんこれは聖遺物伝説と同根のつくり話です。

次はイタリアの画家ペドロ・ロヴィアーレ（一五一一—八二）の作品です（図16）。「煉獄からの霊魂の飛翔」と呼ばれる作品ですが、こちらの題名も今ひとつしっくりとこないものです。画面は上下二つに分けられております。上段は浄化が終わって天国行きのプラチナ切符を手にしている霊魂

図16　煉獄からの霊魂の飛翔、ペドロ・ロヴィアーレ

が人間の姿で描かれております。下段の左は待機組に入れられる霊魂が上に持ち上げられようとしておりますが、同じ下段の右側には浄化されなくてアウトとなった霊魂が骸骨で示されております。こういう霊魂には何と声をかけてやればいいのでしょうか？　「お気の毒さま」でしょうか、それとも復活した暁には、いや復活はないのか……。わたしはここでの骸骨に「死神の踊り」に登場した骸骨をダブらせるものです。ここで描かれている三人の御使いたちは骸骨の世話をやいているようにみえますが、なぜそんなに気をつかうのでしょうか？　その理由を知りたいものです。この絵はナポリのカプアーノ城で見ることができます。

次はエル・グレコ（一五四一―一六一四）が描いたもので、「イエスの御名の崇拝」で知られる作品の右下部分です（図17）。この絵全体をもお見せいたします（図18）。制作年代は一五七八―八〇年です。こちらの絵全体ですが、中央の最上段に目をやってくださいよ。ＩＨＳの文字が認められます。航空券の安売りで有名なＨＩＳじゃないですよ。ＩＨＳは「人びとの救世主イエス」を意味するIESUS HOMINUM SALVATORの頭文字を組み合わせたものですが、真ん中のＨの上に十字架がちょこんと置かれております。キリストの代わりに「御名」が天空に描かれ、それを人びとが拝しているのです。名前を拝するという行為の裏には、キリストさまはあまりにも恐れ多いお方なので、描けないという敬虔な感情が働いているのかもしれませんが、わたしには噴飯ものの感情です。右下部分にはキリストの名前の臨在のためにぬかずくスペインのフィリップ二世と口を大きく開けたレビヤタンが地獄として描かれておりますが、レビヤ

図17　煉獄、「イエスの御名の崇拝」（部分）、エル・グレコ

図18 「イエスの御名の崇拝」（全体）、エル・グレコ

図19　聖グレゴリウスのミサ、ジョヴァンニ・バティスタ・クレスピ

タンの左上には煉獄が描かれ、火の浄めを地獄で受けて天国行きが約束された者たちの姿が少しばかりですが認められます。この絵はロンドンのナショナル・ギャラリーで見ることができます。

次にお見せするのはジョヴァンニ・バティスタ・クレスピ（一五七三―一六三二）が一六一五―一七年に制作した「聖グレゴリウスのミサ」と題する作品です（図19）。中央の左部分の少しばかり明るく描かれた所にミサを執り行っている聖グレゴリウスが描かれておりますが、彼は誰のためにミサを執り行っているのでしょうか？　彼は煉獄の罪人のために執り成しているのです。救われて天国に向かう者たちは上方に描かれております。強い光を当てられた横断幕のようなものは天国への道を示しており、そこにはグレゴリウスがミサのときに唱えた祈りが横書きされております。煉獄に留め置かれてそこでアウトになる者たちは下段に描かれております。永遠に燃え続ける地獄の劫火で焼かれている者は下段の左隅に認められます。聖人のグレゴリウスについては、拙著『名画でたどる聖人たち』（青土社刊）をご覧下さい。

図20　煉獄にいる霊魂のために執り成しをするアヴィラの聖女テレサ、ピーテル・パウル・ルーベンス

次はピーテル・パウル・ルーベンス（一五七七―一六四〇）が描いた「煉獄にいる霊魂のために執り成しをするアヴィラの聖女テレサ」です（図20）。この聖女は『名画でたどる聖人たち』（青土社刊）で

取り上げるべきでしたが、うっかりミスで落としてしまいました。申し訳なかったと思います。ルーベンスとスペイン王国のアヴィラ出身のテレサ（一五一五―八二）は少しばかり時代が重なりますので、彼は長ずるにおよび彼女の評判をよく聞いていたはずです。時代は反宗教改革ですから、彼女は筆の立つ修道女としてカトリック教会の希望の星であると同時に、カルメル会の修道院の改革者でもあったようです。死後四〇年目の一六二二年に聖人と認められ、さらに一九七〇年には教皇パウロ六世により「教会博士」の称号を授けられます。カトリックや東方教会では教会博士の称号は別格のものであるらしいのです。なにしろ彼女は聖アンブロシウス（三四〇―九七）、聖アウグスティヌス（三五四―四三〇）、聖ヒエロニムス（三四七―四二〇）、教皇の聖グレゴリウス一世（五四〇―六〇四）らに連なることになります。

こちらはドイツの画家ルーカス・クラーナハ（一四七二―一五五三）が描いた面白みのまったくない絵ですが（図21）、ここに見るキリストは図像学でいう「悲しみのひと」です。そのキリストを支える神は三重冠をかぶっておりますから、神はカトリックの教皇でもあるわけです。マリアは修道女姿です。西欧キリスト教美術においては、教皇が神となり、その神が天地創造に与ったり、人類を誕生させたりします。わたしはそのことについてはすでに『美術で読み解く旧約聖書の真実』（ちくま学芸文庫）ほかで触れております。将来、この問題を本格的に論じるつもりです、ヤレヤレと嘆息しながら。なお、クラーナハは十戒をモーセに捧げる神の絵も描いておりますが、そこでの神もここでの神と同様に大きな風船のようなものでつくられた身光の中に置かれております（『旧約聖書を美術で読む』［青土社刊］）。わたしはクラーナハのこういう絵を見ておりますと、わが家が利用する小田急線の駅前近くにあるパチンコ屋「パラダイス・ヘブン」の入り口を飾る白とピンクの風船を思い起こしてしまいます（図22）。もしかしてこのパチンコ店のオーナーはクラーナハから何かヒントを得たのかもしれません。

こちらは一九世紀にフランスで制作されたものです（図23）。煉獄の火で浄められた女性（の霊魂）が天界で歓迎されている図です。三位一体の神々ではなくて、四位一体の神々（神→神の子→聖

図21　煉獄で浄められる者たちと天上のキリスト、ルーカス・クラーナハ

図22　東京・千歳船橋駅ちかくの娯楽センター

図23　煉獄の火で浄められた女性たち、作者不詳

霊↓神の子の母）の歓迎を受けております。神の光輪は正三角形です。この形で光輪を表すことがありますが、正方形や七角形で光輪をあらわす例にも出くわしたことがあります。

地獄と魔王

今日の講義の最後は地獄です。わたしが是非行ってみたい場所です。天国は間違いなく退屈極まりない場所と思われるのですが、地獄はそうではありません。そこでは生前悪事を積み重ねた教皇などが釜ゆでされているからです。地獄の三丁目あたりをまだ彷徨っているかもしれないからです。しかし、この地獄に投げ出されるか、突き落とされる前には「最後の審判」があります。ご承知のように最後の審判の画像は掃いて捨てるほどありますが、掃いて捨ててもらっては困ります。ウェブ・ギャラリー・オブ・アートに（The）Last Judgment と入力して、エンター・キーをポーンと押してみてください。出るわ、出るわ、です。中世以降の西欧のキリスト教徒がいかに「最後の審判」の教えを叩き込まれ、それに怯えていたかが分かります。

「最後の審判」の画像は大変な数にのぼりますが、以下にその代表的な画家の名を列挙いたします。丸かっこの中は現在見ることのできる所蔵場所です。

フランスの彫刻家ギスレベルトゥスは一一三〇年から一五年かけて（オータンの大聖堂）、ピエトロ・カヴァリーニは一二九〇年代に、ジョットは一三〇六年に（パドゥアのスクロヴェニ礼拝堂）、ナルド・ディ・チオーネは一三五〇年代に（フィレンツェのサンタ・マリア・ノッベラのストロッツィ礼拝堂）、ヤン・ファン・エイクは一四二〇年から五年かけて（ニューヨーク、メトロポリタン・ミュージアム）、シュテン・ロフォナーは一四三五年ころに（ケルン、ヴァルフ・リヒャルツ美術館）、ロヒール・ファン・デル・ウェイデンは一四四六年から六年かけて（ボーヌ、ボーヌ美術館）、フラ・アンジェリコは一四五〇年ころに（ベルリン国立美術館）、ハンス・メムリンクは一四六七年から五年かけて（ワルシャワ国立美術館）、フランチェスコ・ロッセリは一四八〇年代に（ワシントンのナショナル・ギャラリー・オブ・アート）、フランドルの画家ヘラルト・ダーフィットは一四九八年に（ブルージュのグルーニング美術館）、フラ・バルトロメオは一四九九年に（フィレンツェのサンマルコ聖堂の美術館）、ヒエロニムス・ボスは一五〇四年から一五〇八年までの歳月をかけて（ウィーン美術アカデミー）、デューラーは木版画で一五一一年に（ブリティッシュ・ミュージアム）、ドメニコ・ベッカーフミは一五二四年ころに、ジャン・ベルガンブは一五二五年ころに（ベルリン国立美術館）、ルーカス・ファン・レイデンは一五二六年に（ライデン市立美術館）、ミケランジェロは一五三七年から四年かけて（ヴァティカン、システィナ礼拝堂）、ティントレットは一五六〇年から二年かけて（ヴェネツィアのマドンナ・デッロルト教会）、アムステルダムの画家ディルク・バーレンツは一五六一年に（ファルファのベネディクト派修道院）、ジョルジオ・ヴァザーリは一五七二年から七年かけて（フィレンツェのドゥモ）、ヒエロニムス・フランケンは一六〇五年から五年かけて（ザルツブルク、宮殿美術館）、ペーター・フォン・コルネリウスは一八三六年から三年かけて（ミュンヘン、ルードヴィヒ教会）「最後の審判」を制作しました。

では地獄の画像です。

最初に「悦びの苑」と題する冊子に描かれた地獄です（図24）。一一八〇年ころに制作されたものので、キリスト教美術に見られる地獄を少しでもご覧になった方であれば、記憶の片隅に残るものではないでしょうか？　これはアルザスのホーヘンベルクの女子修道院の修道院長をつとめたヘルラートが若い修道女の教育のためにつくったものです。この修道院長は視覚教育の大切さを知っていたようです。彼女は若い修道女にこの地獄図を見せて、「悪いことをしなければ、『悦びの苑』に入れますよ」と言っていたのです。修道女にとって悪いこととは何でしょうか？　想像が無限に広

図24　地獄（「悦びの苑」から）、作者不詳

がります。

さて、この絵によれば、地獄は三つの層から成り立っているようです。一番上の層の左側の四人のうちの三人が女性であることに注目しようではないですか。彼女たちの体には蛇が巻き付いております。エデンの園の蛇から連想されるのは誘惑です。この場合は何の誘惑でしょうか？　もちろん男の誘惑、セックスの誘惑です。男の誘惑に負ければ、地獄の劫火で焼かれるよ、というわけです。右側の三人はロープで吊るされております。縛りの具合や吊るしの高さを見ているのは死神ですが、死神のひとりは空中ブランコを楽しんでおります。キリスト教における「吊るしと縛り」の歴史の原点を見る思いです。上から三段目の絵をご覧下さい。白い帽子をかぶった者たちが大釜でゆでられておりますが、この絵を見てすぐに彼らが誰であるかお分かりになるでしょうか？

左の大釜でゆでられているのはユダヤ人たちです。

この者たちがとんがりコーンのユダヤ帽をかぶっていることから分かります。修道院長はこの絵を若い子に見せながら、「キリストさまを十字架に架けたからこうなったんだよ」と教え、さらには「修道院の外を歩くときでも、前からユダヤ人が近づいてきたら避けて歩くんだよ」と忠告していたわけです。右の大釜の中の三人のうちの右と左の人物はトルコ帽をかぶっておりますから、当時のヨーロッパに迫って来ていてキリスト教徒には恐怖の存在であったオスマントルコ人たちです。真ん中の人物の帽子が司教帽でしたら、それは司教ということになります。一番下の段ですが、右側に大きなサタンが描かれております。

次はイタリアの画家コッポ・ディ・マルコヴァルド（一二二五ころ―一八〇）が制作した「最後の審

図25　地獄（「最後の審判」から）、コッポ・ディ・マルコヴァルド

判」と題するモザイク画の中の地獄の部分です（図25）。ダンテが洗礼を受けたことで知られるフィレンツェの「洗礼堂」と呼ばれる教会堂のモザイク画です。画面の中央に描かれているのは魔王ですが、わたしたちの目から見れば漫画チックなものです。わたしの知り合いの女流画家の息子さんはまだ小学生ですが、この手の絵を見せれば、すぐにこれ以上のものを描くのではないかと思います。わたしは彼の絵が後の時代のデューラーとかヒエロニムス・ボスらに影響を与えたと見るのですが、いかがでしょうか？

こちらはジョット・ディ・ボンドーネ（一二六七―一三三七）が一三〇六年に描いた「最後の審判」の中の地獄です（図26）。パドゥアのスクローヴェニ礼拝堂で見ることができますので、みなさん方の大半はすでにご覧になっているはずです。最下段の魔王はドラゴンの上に鎮座して、人間の生肉を食べております。この地獄絵の特色のひとつは、地獄で絶望的になったからでしょうか、首吊りをしている者が何人かいることです。地獄での首吊りにどれほどの意味があるかと思われますが、魔王の左手が伸びる方向で左端との中間点あたりに描かれた首吊りしている者は、オータンの大聖堂美術館に見られる地獄の「暗い森」を想起させるものです。この絵を見る者は、木に吊るされた者が「はらわたがみな飛び出し」（使徒言行録一・一八）た状態で描かれているだけに、この人物を「キリストを十字架に架けたとされるユダ」と容易に同定し、キリストにたいする彼の裏切りを思い起こし、ユダヤ人にたいする憎しみを新たにしたわけです。これはユダヤ人にとっては黙過などできない使徒言行録の記述であり、はた迷惑な画像なのです。この絵のもうひとつの特色は、魔王をも含めて裸とされた人間を苦しめる悪魔たちが陰のような存在として灰色で描かれていることではないでしょうか。ジョットは地獄の悪魔は目に見えない存在者、したがって人間がそれに立ち向かうことは不可能であることを示そうとしているのかもしれません。

次はボローニャ出身のジョヴァンニ・ダ・モデナ（一四一〇年ころ活躍、一四五五年以前に没）がサン・ペトロニオ聖堂のボローニャ礼拝堂のために描いた「最後の審判」の中の地獄です。このフレスコ画の制作は一四〇四年（一説によれば、一四一五年）とされております（図27）。前の作品と同様に、大きな魔王が中央に描かれ、その魔王はスナック代わりでしょうが、人間を呑み込もうとしております。この魔王の腹の右側部分には司教と枢機卿が描かれております。二人がかぶっている帽子でその地位が分かってしまいます。この二人は「七つの大罪」の中の大食の罪を犯した者たちの中に置かれておりますから、聖職者たちの大食や美食が問題にされているわけです。人びとが飢饉

図26　地獄（「最後の審判」から）、ジョット・ディ・ボンドーネ

のために食うや食わずの生活でやせ細っているときに、彼らはうまい物を口にしながら天国についての教えを説いていたのです。司教の右隣の男は口の中に糞を詰め込まれております。司教は「次はおらの番かいな」と不安そうにその様子を見守っております。司教の上には小さな悪魔が描かれておりますが、その上には明らかに修道士と思われる者が描かれております。二人の上に描かれた男には肉刺し棒の肉を食わせようとして悪魔がその棒を勢いよく彼らの口に入れたために、棒は彼らの喉を貫通しております。魔王の恥部には目が描かれておりますが、その恥部またはその口からは人間の頭が見えます。出産のイメージがあるようですが、その下には王侯や貴族たちが描かれております。魔王の頭の左上の岩場には修道士が描かれておりますが、彼の足首はすでに切断されております。もしこの修道士が托鉢修道会であれば、彼はこの世の富に執着していたのでしょうね。右上の岩場には預言者モハメッドが描かれておりますが、ここでは明らかに異端扱いです。彼がモハメッドに間違いないのは岩場にその名前が書かれているからです。彼の首は悪魔によって引っ張られておりますが、このような絵はいかがなものかと思われます。名前入りで教皇か何かを描いておけば無難だったのではないでしょうか。この教会はイスラム過激派のテロリストの攻撃リストに挙げられているそうです。その情報はウェブか何かでこの教会にアクセスすれば、すぐ分かります。

次はフラ・アンジェリコ（一四〇〇ころ―五五）が一四三一年に制作した「最後の審判」の中の地獄です（図28）。フィレンツェのサンマルコ美術館で見ることができます。地獄は四階層からなるようにも見えますが、そうではなくて地獄をすぱっと横断的に切断して上から俯瞰したものかもしれません。俯瞰したら七つに仕切られた場所があったということかもしれません。いずれにして

図27　地獄（「最後の審判」から）、ジョヴァンニ・ダ・モデナ

図28　地獄（「最後の審判」から）、フラ・アンジェリコ

も、最上段の二つの場所には女王や修道士たちが描かれております。蛇が彼らの首や頭、足などにまきついておりますが、恐怖の表情を浮かべている者はおりません。そちらの気がある者たちかもしれません。四人の悪魔が干し草用の三つ叉を振り落とそうとしております。彼らの腰のあたりに目をやると、火が燃え上がっております。じゅうじゅうと焼け焦げる匂いがただよってきますが、一番下の魔王のいる場所は例外として、それはどこでも同じです。丸い食卓も見えます。地獄での最後の晩餐かなと思って、画面を拡大すればビックリ仰天です。皿に盛られているのは人糞です。これは最後の晩餐ではなくて、彼らが犯した「七つの大罪」の中の大食の罪にたいする報復なのです。彼らが地獄でも美食や大食をもとめるのであれば、人糞でも口にしろというわけです。

こちらはサンドロ・ボッティチェリ(一四四五―一五一〇)が一四八〇年代に制作したダンテの『神曲』の「地獄――第一八歌」です(図29)。ベルリンの国立美術館所蔵です。

お見せしているのは羊皮紙に描いたものに彩色したものです。ローマの詩人ウェルギリウス(前七〇―一九)がダンテのためにガイド役を買って出ております。画面の上のダンテとウェルギリウスは一緒に、ときに離ればなれになりながら、地獄の縁を歩きながら、地獄の中を覗き、地獄の中で悪魔に追われて逃げ回っている者たちの様子を冷静に観察しております。上の地獄には悪魔たちが描かれておりますが、下には描かれておりません。下は人糞の肥だめですから、悪魔たちを描かなくてもすむのです。この人糞の海にはやけに女性が多く描かれているのでビックリしました。ある解説書によれば、彼女たちは売春婦だそうです。

ドラクロワ(一七九八―一八六三)が一八二二年に描いた「ダンテの小舟」にもウェルギリウスは

図29　地獄（ダンテ『神曲』から）、サンドロ・ボッティチェリ

図30　リンボのダンテと詩人たち、ギュスターヴ・ドレ

図 31　地獄（「この世の虚飾と聖なる救い」から）、ハンス・メムリンク

図32　この世の虚飾と聖なる救い（全体）、ハンス・メムリンク

登場いたします。ダンテの『神曲』を読めば明らかなように、ダンテに与えたウェルギリウスの影響は計り知れないものがあります。ダンテにはホメロスやその他の古典古代の詩人たちの影響もあります。そのことはたとえば、ギュスターヴ・ドレがリンボでダンテが一〇人の詩人たちに遭う絵を描いていることからも分かります（図30）。他の画家はダンテとウェルギリウスがホメロスに遭う場面を絵にしております。

最後にお見せするのはハンス・メムリンク（一四三〇ころ—九四）が一四八五年ころに制作した「この世の虚飾と聖なる救い」と題する作品の右翼のパネルです（図31）。ストラスブールの芸術美術館で見ることができますが、みなさん方はこの絵を画集か何かで一度はご覧になっているものかと思います。地獄大好き人間であれば何度かご覧になっているはずです。全体がこれです（図32）。この世の虚飾が中央パネルに描かれていることは明白ですが、それを挟む左のパネルは死神ないしは埋葬されていた石棺から出てきたミイラ化する人間を描いたものであり、また右のパネルは地獄を描いたものであるため、どこに「聖なる救い」があるのかと首をかしげたくなりますが、ある解説書によれば、この三連祭壇画を見ながら黙想のひとつでもすれば「聖なる救い」に与れるそうです。他力本願の救いではなくて、自力本願の救いです。

右側のパネル（図31）に戻ります。そこでは、大きな口をあけたレビヤタンが描かれております。ここでの魔王は山羊の角とコウモリの翼をもち地獄の劫火から踊り出ております。魔王の腹部には人間の顔が描かれておりますが、これはパターン化されたものです。プロテスタントは「わたしがパパ（＝教皇）よ」と記された教皇アレクサンデル六世を悪魔として描きましたが、その悪魔の腹部には地獄の魔王であることを示すために人間が描かれております。悪魔の臀部に人間の顔が描かれることもあります。ミヒャエル・バッハーが描いた「聖アウグスティヌスに悪徳の書を差し出す悪魔」で画面の右半分に大きく描かれた悪魔がそうです。

以上です。

第6講　天使の国と新しいエルサレム

四月にはじまったこの講座も今日が最終回です。

今期のテーマは天使と悪魔にはじまり、悪魔と聖人、死の表象と地獄を経て、天国（パラダイス）、新しいエルサレムで終わることになりますが、今回の一連の講義ほどわたしにとって勉強になったものはありません。どのテーマもキリスト教の本質に関わるものだったからです。しかしわたし自身はその本質を真っ向からアホくさいと否定しますので、一方ではキリスト教の本質とされるものを学びながら、他方ではその本質のもつ本来的な空虚さを感じました。

わたしは大学で宗教学の講座を担当しておりますが、キリスト教の本質と思われるものに切り込んでそれをバラバラに解体しますと、受講生の多くは目を輝かせてその解体ショーを楽しんでくれるのですが、一部の学生諸君には耐えられないもののようで、そういう学生たちはかなり早い時期から脱落していきます。脱落組がどういう学生かと申しますと、彼らの多くはミッション・スクールでキリスト教や聖書について学んでおり、したがってすでに洗脳されております。すなわち彼らはキリスト教とはこういうものである、こういうものでなければおかしいと確信犯的に教え込まれております。教え込まれるのは結構なのですが、疑うことの大切さを同時には教え込まれておりませんから、わたしはここで「洗脳」という言葉を使用するのです。英語で言えばインドクトリネーションです。もっとも中には、ミッション・スクール出身であるがゆえにわたしの講義を目を輝かせて聴いてくれる学生たちもおります。彼らは、ミッション・スクールの教師たちの話が面白くなかった、退屈だったと申します。あんな独りよがりの教師について学ぶのではなかったとくやしそうに申します。率直なものです。あんな教師といわれてもどんな教師か分かりませんので戸惑いを覚えますが、まあ、ミッション・スクールの教師のレベルの低さは想像できますので、彼らはその「低レベル汚染」の被害者だと思っております。教師たちは学生たちにキリスト教や聖書について、最終的には自分たち自身の頭で考えなさいとは教えないのです。

わたしがこのカルチャー教室を大切にするのは、みなさん方の大半がこれまでの読書や体験をもとにご自身の頭で考える受講生だからです。そのためでしょう、みなさん方はわたしの講義に真剣に耳を傾け、講義の後には、ときにトンチンカンな質問もありますが、よい質問を投げかけてくれます。そのため、この講義の準備には結構な時間を割くことになり、その準備は苦痛ではなく楽しみでありましたが、今日をもって今期の講義は終わりとなります。来期は歴史の上の「世界一のお騒がせ都市」エルサレムについて集中的に学んでみようと思います。わたしがそこで問題にするのはエルサレムに付された「聖性」です。エルサレムはこれまでしばしば「聖なる都」とされ、世界の他の都と区別されてきましたが、エルサレムは本当に「聖なる都」だったのでしょうか？　わたしはこれを受講生のみなさん方に問うつもりです。それでは講義に入ります。

天国

天国です。パラダイスです。

わたしはいつも自分の生にジ・エンドが来るときには、天国ではなくて地獄にお邪魔したい、地獄の三丁目あたりに仮寓したいと申しておりますが、それはそこが、天国とは異なり、退屈を知らない刺激的な場所だからです。わたしは天国で三位一体の神々や四位一体の神々、あるいはこの神々を取り巻く聖職者たちと毎日退屈な会話をしながら時間を過ごすのには耐えられません。それよりもその犯した大罪ゆえに地獄に投げ込まれた教皇や、枢機卿、司教、あるいは修道士や修道女たちが釜ゆでされ、最後は骨だけになっていくのを見たり、あるいは地獄の三丁目あたりをまだうろちょろしている悪人たちにちょっと声をかけてやる方がはるかに面白いと思われます。

まあ、そういうわけで、天国はわたしの関心事ではほとんどなかったのですが、今回、今期の講義を締めくくるにあたり天国について少しばかり語らないわけにはいかず、そのためいろいろと学びました。といっても古代や中世の教会の物書きたちが天国についてああだこうだなんだかんだと言っている原典の言葉を学んだのではなく、大きなカトリック事典その他を手元において天国について学んでみたのです。もっとも学んだからと言って、それがわたしの知識の確たる一部になることはありません。血肉にさせる前に、事典の多くの項目に認められる荒唐無稽な想像力に笑ってしまったからです。今日の最終講義は、わたしがついついつい笑いこけてしまったものを背景にしながら、わたしがパソコン上の「天国ファイル」の中に放り込んでおいた図像を引き出して、天国について少しばかりご案内しようと思います。

厳密に言えば、天国とパラダイスは違うそうですが、わたしは同義語として扱います。みなさん方も区別をつけておられないと思われますので、これから先では「天国」と言ったり、「パラダイス」と言ったりします。「天のパラダイス」という言い方をするかもしれません。

天国に行くにはどうも「最後の審判」を経なければならないようです。いや、より正確に申し上げれば、「最後の審判」でもって人は「天国行き」の組と「地獄行き」の組に仕分けされるようです。そしてその仕分けには天使や悪魔がかかわっています。

教会や聖堂を飾る祭壇画には、二連（二つ折り）のものや三連（三つ折り）のもの、あるいはそれ以上の多翼のものがありますが、このうちの三連祭壇画は「最後の審判」「地獄行き」「天国行き」の三点セットを描くのに便利です。中央のパネルに来るのが「最後の審判」です。右パネルに描かれるのは「地獄行き」の者たちが地獄の劫火に焼かれる場面です。彼らは地獄行きが確定した後、悪魔たちによってそこに追い立てられるか、すでにそこでのたうち回っているかのどちらかです。左のパネルに描かれるのは「天国行き」が確定した者たちです。彼らはみな「やったぜベイビー」とばかりに歓声を上げ、互いに悦びあい抱き合っていたりします。彼らが「地獄行き」になった者たちに憐れみをかけることはありません。冷たいものです。彼らは天国への門をくぐり抜ける順番待ちをしたりしておりますが、救われるのが分かったために、行儀よく並んでおります。ここでみなさん方にお教えするのは、釈迦に説法の類ですが、三連祭壇画では、中央パネルを中にはさんで右のパネルにはつねに芳しくない場面が描かれ、左のパネルには芳しい場面が描かれます。右のパネルに天国行きの者たちが描かれることは決してなく、左のパネルに地獄行きの者たちが描かれることはありません。左右を入れ違えるのは技術的には難しいことではないはずですが、それを試みる画家は出ていないのではないでしょうか？　芸術家や画家は革新的に見えても、実は案外、保守的であることが多いのです。

メムリンクの最後の審判と天国への入り口

最初にお見せするのはフランドルの画家ハンス・メムリンク（一四三〇ころ—一四九四）の最高傑作のひとつと評される「最後の審判」です（図1）。ブリュージュのメディチ家の銀行経営者であるアンジェロ・タニの依頼で一四六七年から四年かけて制作したものです。ダンツィヒ（現在のグダニスク）にあるワルシャワ美術館で見ることができるものですので、みなさん方の中にはこれまでに何回かご覧になっている方もおられるはずです。

中央のパネルに「最後の審判」の場面が描かれております。右のパネルにはごうごうと音を立てて燃え盛る地獄の劫火の中に突き落とされる者たちが、そして左のパネルには天国行きのプラチナ切符を手に入れて、ヤレヤレといった風情の者たちが天国への門をくぐろうとして行儀よく並んでおります。ノアの箱船に乗り込むために順番待ちをしているつがいの動物たちに見えなくもありません。あちらも救われることが分かっているためでしょうが、非常に行儀良く並んだ場面が描かれます。

中央パネルから説明いたします。

イエスは虹の上に座り、その足を球体の上に置いております。

図1　最後の審判、ハンス・メムリンク

最初にこの虹です。虹への言及が最初に見られるのは創世記九・一三です。そこには「わたしはわが弓を雲の中に置く。それはわたしと地との間の契約のしるしとなる」（拙訳『七十人訳ギリシア語聖書Ⅰ』〔河出書房新社刊〕）とあります。ここでの弓が虹なのです。この弓が虹の中に置かれたのは、神が二度と大洪水を人類のために起こさないとノアに向かって約束したからであり、その先の同書九・一六によれば、神はその弓を見てこの約束を思い起こすと述べるからです。わたしはこの箇所を読むときにはいつも、「神が津波や地震なども二度と起こさないと約束してくれてればよかったのに」と天を仰いで嘆息いたします。ヨハネの黙示録四・三にも、天の玉座の周りには「エメラルドのような虹」が輝いていたとあります。普通、虹は七色なので、エメラルド色の虹は想像しがたいものですが、わたしの知るかぎり、画家たちにはエメラルド色にこだわる理由はないようです。キリストは虹の上につくられた玉座に座っております。キリストの足が置かれる球体は地球、すなわちこの世を象徴するものですが、キリストが球体を足台とする図は、彼がこの世の支配者であることを示すものとなります。もっとも、もしこの足台が描かれていなければ、虹の上に座るキリストはバランス感覚に優れているとは思われませんので、地上に即墜落することになります。球体を描かない画家は、もうひとつ小さな虹を描いてそれを足台とします。

カラーでお見せできないのが残念ですが、キリストの着衣は赤色です。福音書によれば、十字架に架けられる前、イエスはしばらくの間赤色の外衣を着せられておりますから、ここでの着衣の色はそこからのものです。キリストの顔の左右には百合の花と剣が置かれております。この二つはどこからくるものでしょうか？　キリストの左上には十字架を両手で抱えた天使と、キリストが十字架に架けられる前に縛られて笞打ちされた柱を両手で抱えた天使が描かれております。キリストが人類の贖罪のために笞打たれて十字架に架けられたことを示そうとしているのでしょうが、キリスト教が申し立てる「贖罪の神学」は日本人には分かりにくいものです。わたしにはサッパリの代物です。

キリストの左下には修道女姿の女性が祈りの姿勢で跪いておりますが、彼女はどこかの女子修道院から駆けつけたキリストのファンではなくて、キリストの生みの母マリアです。聖母マリアです。拡大して見てみますと、鼻筋なども通ったなかなかの美しい人です。それなりの教養もありそうです。彼女の母アンナが施した幼児教育が開花したと言えそうです（アンナの幼児教育については、拙著『名画で読む聖書の女たち』［青土社刊］参照）。それに随分と若づくりの母です。キリストの右下で跪くような姿勢で両手を合わせようとしているのはヨハネです。洗礼者のヨハネでしょうか、十二弟子のひとりのヨハネでしょうか、ヨハネ福音書の記者とされるヨハネでしょうか、それともヨハネ黙示録の著者とされるヨハネなのでしょうか？　洗礼者ヨハネはイエスが十字架に架けられる前にヘロデ・アンティパスの手により殺害されておりますから、この人物と十字架を結び付けることはできなくなります。ヨハネ福音書やヨハネ黙示録は二世紀になってから著された文書ですから、その著者がイエスの架けられた十字架の右下にいたとするのは不自然ですが、最初の数世紀の教会の物書きの多くがそうであったように、そこでのヨハネはだれであってもよかったのです。おかしいと思ってはいけないのです。いや、そもそもおかしいなどとは思わなかったはずです。

それにしてもキリストの母やヨハネは何を祈っているのでしょうか？

人類の贖罪のための祈りを捧げているとするのが一般的な説明ですが、「祈りの内容はご本人しか分からない」とするのがわたしの説明です。ですから、ここではそれに立ち入ることはいたしません。キリストの左右には六人ずつ、計一二人の男たちが座っております。ヨハネの黙示録四・四によれば、この玉座の上には「白い着物を着て、頭に黄金の冠をかぶった二四人の長老が座っていた」とありますから、二四人の長老たちを描く方がナチュラルで、実際その数に合わせる画家が多いのですが、メムリンクはそうはしておりません。ここでの一二人は「十二使徒」です。ユダはイエスに裏切りを働いたということで描かれてはおらず、後になって彼の穴埋めとして補充されたマティア（使徒言行録一・二六）が入っております。

図2　死者の復活（部分）、ルカ・シニョレリ

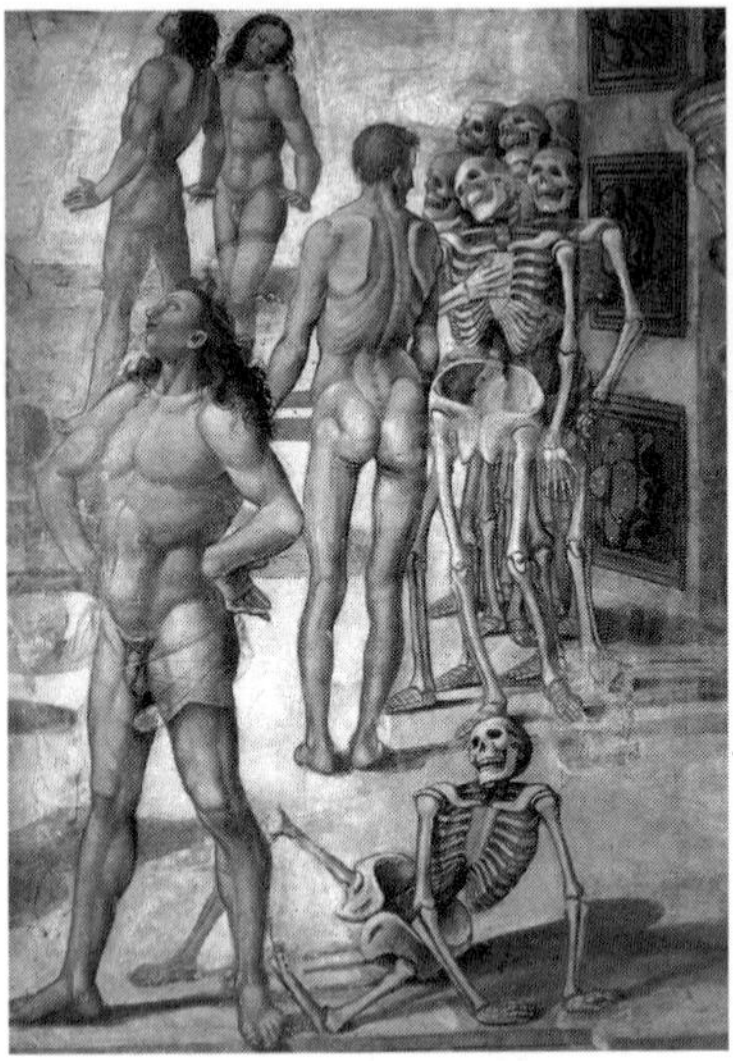

図3　死者の復活（部分）、ルカ・シニョレリ

虹の下にはラッパを吹く天使が三人描かれております。彼らはヨハネ黙示録に登場する者たちで、最後の審判がはじまることを死んだ者たちにラッパを吹いて告げ知らせているのです。パンパカパーンとね。二、三日前に死んだのであればともかく、死者はもうとっくに蛆《うじ》虫に成敗されて白骨になっているはずです。眠っている者を叩き起こすのではなく、眠っている白骨を叩き起こすことになりますから、ラッパ吹きにとっては大変な作業となります。キリスト教における「復活」とは、その白骨に肉がついて身体となり甦ることを指すのです。

ルカ・シニョレリ（一四五〇—一五二三）の描く最後の審判での「死者の復活」の場面は、メムリンクよりも秀逸です（図2、図3）。シニョレリの絵を見ておりますと、「ははん、人骨にも活力（エネルゲイア）が与えられて、身体復活の仕儀と相成るわけだ」と感心します。

ここでメムリンクの「最後の審判」（図1）の中央パネルに戻ります。キリストの下に描かれ、天秤で復活した死者たちの霊魂の重量を計測しているのがご存じ大天使ミカエルです。その右手には突き棒が置かれております。抵抗する者がおれば、ミカエルは容赦いたしません。それで一刺しです。それにしてもわたしは霊魂に重量があることを知りませんでした。わたしの年齢で無知・無学を告白しなければならないのは屈辱的ですが、美術史家の先生たちがここでの天秤と霊魂についてうんたらかんたらとご高説を垂れるときには、霊魂に重量があると信じた上でお話ししておられるのでしょうか？　わたしはローマ時代のユダヤ人の物書きの一人であるヨセフスがどこかで霊魂は「エーテルみたいなものだ」と言っているのを聞きかじって、それをそのまま鵜呑みにしてきたのです。エーテルのようなものであれば、重量計測は不可能なはずです。

ここでもう二つばかり疑問を呈しておきます。

天秤の皿に二つの霊魂をのせて計測してバランスが崩れた場合、どちらが義人の霊魂で、どちらがそうでない者の霊魂なのでしょうか？　義人の霊魂は不純物がないため、そうでない者の霊魂よりも軽いのでしょうか？　これがひとつですよ。もうひとつは皿の均衡がイーブンになってしまった場合、ミカエルはどうするのでしょうか？　なおここでミカエルの突き棒の持ち手のところが十字架状になっていることにも注意を払いたいものです。ミカエルはキリストに成り代わって復活した者たちを裁いているのです。

ミカエルの右側に描かれている集団の者たちは、霊魂の重量計測の結果、「地獄行き」が確定された者たちです。右側のパネルに目をやってみて下さい。彼らは地獄の劫火の中に次ぎつぎと放り込まれております。最後の抵抗を試みる者たちがおりますが、悪魔が「無駄な抵抗はやめろ」と恫喝しながら、棍棒で叩いたり、二またの矛でどついたりしております。痛そう。地獄やその劫火については前回の講義で学びましたので、ここでは省略いたします。

次に中央パネルのミカエルの両脇あたりに目をやってください。

天使のひとりと悪魔が、天国行きに決まった者たちの群れの中にもぐり込もうとしている男を排除しようとしております。ここは天使と悪魔の連携プレーを描いた絵画史上非常に珍しいものであると、したり顔で解説したくなる箇所です。

さて左のパネルです（図4）。

天国に行く者たちはみなスッポンポンです。白骨から復活したばかりですから何も着てなくて当然です。彼らの前にはペトロがクリスタルガラスでつくられた高級な階段の端に立っております。ヨハネ黙示録二一・二一に、「新しいエルサレム」の大通りは「透き通ったガラスのような純金であった」と、何を言おうとしているのかさっぱり分からない描写がありますが、ここでのクリスタルガラスのイメージは黙示録からのものでしょう。この階段はわたしにはキャバレーの入り口から地下に降りていくための階段のように見えてしまいます。もちろんメムリンクが描く階段は地下に行くのではなく、天国に行くためのものです。ここでのペトロはイエスにより寄託された「天国の鍵」を左手でしっかりと握り締めております。絶対に手放さないぞという覚悟が認められる握りかたです。彼は右手で天国への門をくぐろうとする者たちと握手を交わしております。ご承知のように、ペトロは鶏が二度鳴く前に、イエスを知らないと三度口にした男ですから、わたしに言わせれば、彼は弟子たちの中でユダ以上の最大の裏切り者です。そんな男が天国に行こうとしている者たちに向かって「おめでとう、モスト・ウェルカムですよ」とか何とか言いながら彼らを歓迎しているのですから、わたしは違和感を覚えてしまいます。しらけてしまいます。彼の霊魂が天秤で計量されることはなかったのでしょうか？　彼はいつも「ラッキー」に恵まれるのです。

階段を上った者たちを待ち受けているのは左右に並ぶ女性の天使たちです。彼女たちは天国の門をくぐろうとする者たちに、あちらで着用することになる「クリーニングずみ」の衣服を着せようとしております。

「なぜ洗濯ずみが分かるのか？」ですか。

よい質問です。ヨハネ黙示録二二・一四に、イエスを遣わした者の言葉として「命の木にたいする権利を与えられ、門を通って都に入れるよう、自分の衣を洗い清める者は幸いである」と書いて

図４　天国へ行く者たち、ハンス・メムリンク

あるからです。この一文が絵画の中に割り込んできているのです。何か新しいものを創出するときの解釈はつねに強引なもの、牽強付会のものでなければなりません。強引な解釈が新しい可能性の地平を切り開いてくれるからです。

ところで、この場面には注目すべき箇所が少なくともひとつあるように思われますが、お分かりになる方がおられるでしょうか？　天国への門をくぐろうとして先頭に立っている人物が教皇冠をかぶっている教皇であることです。その左隣には枢機卿がおります。さらにこの者の下には天使の手で司教冠をかぶらされようとしている司教がおります。

天国への門をくぐり抜ける先頭集団は聖職者たちなのです。

彼らは天国で、神やキリストに向かって「おひさしぶりです」とか何とか言って、真っ先に挨拶するのでしょう。わたしは聖職者たちこそ、天国行きの切符を手にした一般庶民たち全員が天国への門をくぐったことを確認した上で、最後に「では、そろそろ」と互いに声をかけながらその門をくぐるものだと想像しておりましたが、それはわたしの早とちりでした。

次にわたしはこの先頭集団で描かれている聖職者の冠や服装を見てガックリしました。天国はこの世での地位の差別などがまったく持ち込まれない場所だ、と単純に信じていたからです。明らかにそうではないのです。「この世でも差別あり、あの世でも差別あり」なのです。この先頭集団を見ていてがっくりしておりますと、前々回の講義でお見せした「死神の勝利」が深い意味をもつことに改めて気づかされるのですが、もっとも「死神の勝利」において最終的に勝利するのは「復活のキリスト」とする手前勝手な神学が待ち受けており、そこに差別がないという保証はまったくないのです。まあ、キリスト教徒たちは差別のない世界とは未来永劫に無縁であると覚悟しておく方がよろしいようです。

天のパラダイスへ至る門は、メムリンクの時代のルネッサンス様式ではなくて、一時代前のゴシック様式の大聖堂の門です。その門を支える二本の装飾を施された柱はロマネスク様式です。その上にあるのはゴシック様式のバルコニーです。

天国への門に戻ります。

門は中央の一段と高くそして広い玄関口の扉ではなくて、その左右につくられた小さな入り口の扉です。なぜ正面の大きな扉口ではなくて小さな扉口なのでしょうか？　メムリンクは「天国に至る門は広くはないぞ。針の穴ほどではないが狭いぞ」という警告をこの絵を見る者に発しているのです。この横門の上の半円形の天上部分を拡大して見ますと、そこには「命の書」を右手にして玉座に座るキリストと彼を取り囲む四つの獣が装飾として彫られております。「命の書」はヨハネの黙示録で繰り返し言及されるものであり、四つの生き物はヨハネ黙示録の第四章で登場するものですが、この四つの生き物についてはわたしはすでに他の所で触れておりますので、ここでは立ち入りません。この半円形の天上の上の部分にも目をやってください。そこには円形が描かれ、その中に神がアダムのあばら骨からエバを取り出す場面が彫られているのです。今わたしは「神が……」と申しましたが、中世以降の西欧のキリスト教理解においてはキリストが天地創造や人類の誕生に与っておりますから（拙著『旧約聖書を美術で読む』［青土社刊］）、この画像を講釈するときには「キリストがアダムのあばら骨からエバを創造している場面」と言った方が自然であり、もしそうであれば、この円形の画像とその下の半円形の中の画像は一体のものとして理解されるべきで、それはヨハネ黙示録の第二一章で繰り返される「わたしはアルファであり、オメガである。最初の者にして、最後の者。はじめであり、おわりである」の言葉を実体化したものと見るべきでしょう。この門柱の上の突き出し部分であるバルコニーには天使たちが陣取って、「天国よいとこ一度はおいで」と歓迎の声を張り上げながら、ラッパを吹いたり、竪琴を奏でたりしております。なおわたしはこのような絵を見るときにキリスト教世界にも「選ばれた少数の者」という思想が脈々と流れているのを認める者ですが、その思想はユダヤ教に淵源するものでないかと考えております。

さまざまな最後の審判の表現

次に取り上げるのはメムリンクよりも少しばかり早い一四五二年に「最後の審判」を完成させたフランドルの画家ロヒール・ファン・デル・ウェイデン（一四〇〇―六四）です。お見せするものは、フランドル絵画の黄金時代の傑作のひとつといわれる、貧しい者や病める者たちが収容されていたボーヌの施療院の大ホールのために描かれた縦二メートル一五、横五メートル六〇もあるバカでかい多翼祭壇画です（図5）。ウェイデンの最後の審判の図を他の画家のそれと比較研究する者は、メムリンクへ与えた彼の影響を考えます。メムリンクは直接自分の目でこのウェイデンの作品を見たとされています。

最初は中央パネルとその左右の複数のパネルです（図6）。

半弧の虹の上に座るキリストです。バランスを取るために、キリストは足を球体である地球の上

図5　最後の審判、ロヒール・ファン・デル・ウェイデン

に置いております。キリストの胸や両足には聖痕と呼ばれる傷跡が認められます。両手の聖痕は癒されたようです。キリストの下には天秤を手にした大天使ミカエルが描かれております。ミカエルは一見女性のようですが男性です。ミカエルの翼は孔雀の羽根です。孔雀の肉は腐りにくいところから、キリスト教美術に登場する孔雀は永遠の命を象徴するものとなります。ミカエルが手にする天秤のそれぞれの皿の上には蘇ったばかりの男がのせられております。ここでの男は「魂」を象徴するものとして描かれております。メムリンクと同じです。

キリストの左下のパネルには彼の母が、そして右下のパネルにはヨハネが描かれております。ここでのマリアも、メムリンクのマリアと同様に、魅力的な女性に仕上げられております。キリストの左右の小さなパネルにはキリストの十字架刑に関係する物件が描かれております。メムリンクの絵でもそのいくつかが描かれておりましたが、ここでの右パネルにはキリストが笞打ちのために縛られた柱や、酸い葡萄酒を含ませた海綿のついたヒソップ、イエスの腹を突き刺した長槍などを運ぶ天使が、そして左パネルには十字架や茨の冠を運ぶ天使が描かれております。ここでの十字架はタウ型十字と呼ばれるもので、すでにアントニオスのところで紹介したように「聖アントニオスの十字架」とも呼ばれるものです。なお、余計な感想を申せば、この絵では二つの小パネルが独立しているだけに、メムリンクの絵とは異なり、これを鑑賞する者はこの二つの小パネルにとくに注目するかもしれません。キリストの母の左横には六人の聖人が描かれ、その背後にはさらに教皇と司教と王が描かれておりますが、よくよく見ますと、この絵の寄進者も描かれております。ボーヌの施療院をつくった超リッチなロリンです。

問題は中央パネルから右に二枚目のパネルに描かれている三人の女性です。彼女たちにも光輪が描かれており、しかも真ん中の女性は頭に冠を置いております。

だれなのでしょうか?

ひとつには殉教して聖女とされた女性たちとすることですが、ある解説書に、この最後の審判は寄進者とその妻の霊魂の救いのために描かせたとありますから、またロリンは三人の奥さんを迎えておりますから、数の上ではこの三人はロリンの奥さんたちとなります。では冠を頭に載せている女性は誰かとなりますが、解説書によれば、三番目の奥さんが一番信仰心が篤かったそうですから、彼女ではないかと想像されます。絵画の上とはいえ、自分と三人の奥さんたちを救いが確実な者たちのグループに入れるその厚かましさはあっぱれなものです。金持ちなら何でもできるのです。天国にも簡単に行け、それればかりか、「最後の審判」は免れて、早々とキリストの近くに座すこともできるのです。やはり金持ちにならなきゃです。「貧しき者は幸いなり」ではないのです。

中央パネルを中に挟んだ左右三つずつのパネルの下段には大天使ミカエルの審判を受けた者たち

図7　最後の審判(左端パネル)、ロヒール・ファン・デル・ウェイデン

図6　最後の審判（中央パネル)、ロヒール・ファン・デル・ウェイデン

が描かれております。右の三つのパネルには地獄行きの者たちが描かれておりますが、悪魔たちによって追い立てをくらってはおりませんから、どこかに逃げようとすれば逃げられるのではないかと思います。左のパネルは天国行きの者たちを描いております。

では一番左端のパネルに目をやってください（図7）。天国に行く者たちが天使に誘導されようとしております。最初に「天国への階段はこちらよ」と誘導されるのは、その剃髪頭からして聖職者であることが分かります。もしかして教皇や司教かもしれません。この天使の顔がミカエルの顔と似ているのが気になります。もしかしてミカエル自身かもしれません。ここに描かれている門はゴシック様式には見えないのですが、そうだとする建築史の専門家がおります。門の上の尖塔には天から光が燦々と降り注いでおります。

次に一四七一年に完成されたメムリンクの「最後の審判」よりも三五年前に描かれた作品をお見せいたします。ケルンで活躍したドイツの画家シュテファン・ロホナー（一四四二―五一ころ活躍）が一四三五年ころに制作したものです（図8）。

メムリンクの作品とこの作品の間には構図的には非常に似通うものがありますが、仔細に見ると違う所もいくつかあります。たとえば、キリストは大きな虹の上に座っておりますが、その足を小さな虹の上に置き、両手を大きく広げてバランスを取っております。

この絵の中でも天国への門をくぐろうとしている者たちの先頭集団にいるのは聖職者たちです。扉口の右手に立っていて、大きな光輪が描かれているのがペトロです。その右下にはひとりの天使がヴァイオリンを演奏しております。天使と悪魔はこの絵のなかでも連携プレーをしております。

図8　最後の審判、シュテファン・ロホナー

天国とは関係ないのですが、この絵の右上には「古いエルサレム」を象徴する建造物が描かれ、そこからは火の手が上がっております。その上では天使と悪魔が空中戦を演じております。これはヨハネの黙示録一六・一六が「ハルマケドン」と呼ぶ天使と「汚れた霊」である悪魔の間の最後のバトルを視覚化したもののように見えます。キリストの右上には受難具を手にしてキリストの所へ飛んで行こうとしている天使たちが描かれております。

次はジョヴァンニ・ディ・パオロ（一四〇二―八〇活躍）が一四四五年ころに描いた「最後の審判」に見られるパラダイスです（図9）。天国行きの切符を手にした者たちはみな、実際に天国のパラダイスに入れたことを喜んでおります。教皇が聖人と手を取り合って喜んでおります。その悪事や不信仰のために、パ

図9　最後の審判、ジョヴァンニ・ディ・パオロ

ラダイスに行ける確信がなかったのかもしれません。修道士同士が抱き合って喜んでおります。こういうときはどんな言葉を相手にかけるのでしょうか？「おれはダメだと思ってあきらめていたが……」とか何とかでしょうか。修道士たちの外衣から彼らがフランシスコ会に属する者であるとか、ベネディクト会であるかどうかが分かります。枢機卿もおります。子供たちもおります。彼らは洗礼を授けられる前に亡くなった子供たち、産後の育ちが悪くて亡くなった子供たち、あるいは疫病か何かで亡くなった子供たちでしょう。こういう子供たちはパラダイスで成長をつづけるのでしょうか、それとも子供のままなのでしょうか？

パラダイスのこの画像から明瞭に分かることは何でしょうか？

そこでは地上での社会的差異が依然として維持されていることです。この絵を見るわたしたちの反応は、「天国のパラダイスでも夜郎自大になっている

図10　最後の審判、フラ・アンジェリコ

図11　最後の審判（部分拡大図）、フラ・アンジェリコ

教皇の姿を目にしなければならないのかよ」とか、「げっ、天国のパラダイスでも枢機卿なのかよ」とガックリきます。このパラダイスの樹木はエデンの園の樹木がイメージされているもののようです。リンゴがたわわになっております。パラダイスではリンゴしかないようです。毎日りんごばかりでは、ゲッソリです。

最後に、ロホナーよりも少しまえに「最後の審判」を描いたフラ・アンジェリコ（一三八七ころ―一四五五）の有名な作品と、そうではない作品をご覧に入れます。

最初のものは前回の講義で取り上げた地獄絵が入っているもので、フィレンツェのサンマルコ大聖堂の美術館で見ることができるものです（図10）。みなさん方であれば間違いなく何度もご覧になっている作品でしょうが、作品の制作年代は特定できないそうです。一四二五年説あり、一四二五年から一四三〇年までの間のある時期だとする説、いやいや一四三一年に制作されたものだとする説もあります。

この絵画もそれなりに印象的なものです。「最後の審判」を行うキリストには光輪が描かれ、さらに彼は天使たちの図柄の身光の中に置かれております。身光を外からガードしているのは何十人という天使たちですが、中央の一番上に描かれているのは神ではないでしょうか？　十字架を手にする天使も描かれております。神のところからはじまるもうひとつの身光を構成するのは光輪の描かれた聖女たちです。彼女たちは、その信仰のために殉教した者たちです。女性の存在を意識したためでしょうか、キリストのファッションもそれなりにナウイものです。キリストの右手は上を向いておりますが、そこには聖痕は認められません。左手はだらりと垂れ下がっております。もちろんその左手は地上で行われる裁きを指しているのでしょうが、だらりとしているため、「最後の審判」の勢いがそがれてしまっております。「最後の審判」は勢いがあってはじめて最後の審判となるだけに、このだらりは惜しまれます。あ、なんだか学生の描いた作品の講評会をしている教師の気分です、わたしは。

聖女たちの左には白装束のマリアが、そして彼女と向かい合う右側にはヨハネが描かれております。さらにその左右には一三人ずつの聖人が描かれております。左の一三人の右端（前列）にはペトロが天国の鍵を手にして座っております。左端に座っている人物と右側の一三人の聖人たちの右端に座っている人物はこの絵の制作を依頼した修道院の関係者かもしれません。調べてみたいものです。

この絵の下段部分を二つに分割するのは共同墓地です。長方形の穴がいくつも開いており、手前には蓋の取られた棺桶が見られます。蓋が取られているということはそこに入っていた者たちが最後の審判を受けるために天使たちの吹くラッパで叩き起こされたことを示すものです。この作品では甦った者たちはいずれも着衣姿で、スッポンポンの者はひとりもおりません。右側の地獄の劫火に投げ込まれることになる「地獄行き」の者たちの中には、司教あり、王侯あり、修道士ありと、それなりににぎやかです。アンジェリコによる時代批判を読み取りたいものです。

この絵の左下部分は右側の地獄絵と対照をなす天国の絵です。

これはその部分を拡大したものです（図11）。天国に入ることが出来た幸せ者たちが踊っております。半分は天使たちです。中央の上に描かれた天使は左の聖女に踊りの仕方を教えているようで

図12　最後の審判、フラ・アンジェリコ

す。「ここでは東京音頭ではないのよ」とか何とか言いながら。この天使の右を見てください。二人の聖職者がパラダイスの中をそぞろ歩きしております。左の上方には建物が描かれております。フラ・アンジェリコは「新しいエルサレム」を意識してこの建物を描いたのか、そのあたりのことは不明ですが、その建物からは神の光線が燦々と差し込んでおり、白い服を着用した二人の女性がその手を光の来る方にかざしております。こちらのパラダイスの植生はパオロの描くものよりも豊かです。

こちらはあまり知られていないアンジェリコのもうひとつの「最後の審判」です（図12）。こちらの三連祭壇画は一四三五年から五年かけて制作されたもので、ドイツのドレスデン国立絵画館で見ることができます。ここでのキリストには勢いがあります。こちらの左パネルでも、天のパラダイスに首尾良くもぐり込めた者たちが、天使たちと一緒に踊っております。

ローマのバルベリーニ宮殿でもこの「最後の審判」に似た作品を見ることができます。そこでのキリストは左手に「命の書」を持ち、右手を高く上げ、その「命の書」を指し示しております。ちなみに「命の書」とは、ヨハネ黙示録によれば永遠の命を与えられる人のリストです。こちらはキリストを描いて、一番勢いのあるもので、「命の書にその名を書き記された者の数は少ないぞ」と暗に言っているようです。なお、余計なことを申し上げますが、ヨハネ黙示録に見られる「命の書」の「書」が「ビブリオン」であることにご注意ください。このギリシア語は、本来、「小さな書」や「小冊子」を指すものですから、このギリシア語の使用は、「命の書」にその名前が刻まれる者の数はごく限られたものであることを示すものとなっております。

ヨハネ黙示録の「聖なる都、新しいエルサレム」

天上のパラダイスが「新しいエルサレム」として描かれることがあります。ヨハネ黙示録がこのエルサレムについて記述しているからです。画家たちはそこからヒントを得て、新しいエルサレムを描くのです。

ヨハネ黙示録はわたしが新約聖書の中で「百害あって一利なし」の書物とくさすものですが、それを著したヨハネと自称する人物は、本書の中では「わたし」として登場します。この「わたし」は地中海のパトモス島に島流しされた人物です。毎日が退屈だったのでしょうか、彼はある日終末の到来についてケッタイな幻を見るのです。そのひとつが第二一章で語られる「聖なる都、新しいエルサレムが……天から、神（のもと）から降りて来るのを見た」（二一・二。私訳、以下同じ）ではじまる幻なのです。この新しいエルサレムが復活後のキリスト教徒たちが行くことになる天のパラダイスだと解釈されるのです。

しかし、第二一章の文章は何度読んでも頭に入るものではありません。そもそも冒頭の「聖なる都、新しいエルサレムが……天から、神（のもと）から降りて来た」とはどういう光景なのでしょうか？

みなさん方はこの光景を想像することがおできになるでしょうか？

あ、だれもおられませんね。想像できない光景を突き抜けて前に進みますと、今度は天使のひとりが「霊の中にあるわたしを大きな高い山の上に連れて行き、聖なる都エルサレムが天から、神（のもと）から降りて来るのをわたしに見せた」（二一・一〇）という一文に出くわします。この一文の後半部分は先行するものと重複いたします。呂律《ろれつ》のまわらなくなった酔っぱらいがくだをまいている感じです。しかしここから先で「聖なる都、新しいエルサレム」の描写がつづくのです。その説明は絵をお見せしながら行います。

最初にお見せするのは現在西ドイツの南部の工業都市として知られるバンベルクの町で一〇二〇年ころにつくられたとされる「バンベルク黙示録」に挿入された「新しいエルサレム」の挿絵です（図13）。ヨハネ黙示録二一・一二―三に「都には大きな高い城壁があり、一二の城門があり、……東には三つの城門、北には三つの城門、南に三つの城門、西に三つの城門があった。……」とありますが、これはこの「わたし」が「大きな高い山」の上から見たものです。この「わたし」は画面の右側の人物で、左はこの「わたし」に語りかけた天使ですが、ヨハネ黙示録二一・一五によれば、この天使は「都とその城門とその城壁を測るために黄金の物差しをもっていた」そうです。そのためここで描かれている天使は長い棒のようなものを右手にもっているのです。

エルサレムは神殿都市であったはずです。たとえ紀元後七〇年の秋に神殿がローマ軍によって火を放たれて炎上崩壊したとはいえ、神殿なしの新しいエルサレムは考えられないはずですが——実際、ユダヤ人の残した『ミシュナー』と呼ばれる文書は、神殿を失ってもなおかつ神殿が実在した、

図13　新しいエルサレム、バンベルク黙示録

実在しつづけるとする前提に立つ文書です――、それがここでは神殿が描かれていないのです。描かれていないのが当然です。ヨハネ黙示録二一・二二に「わたしはその（都）中に聖所を見なかった。全能者である主なる神と子羊がその聖所だからである。……」と書かれているからです。聖なる都の中央に描かれた十字の光輪をもつ子羊が聖所なのです。それが神殿なのです。「聖所（＝神殿）を見なかった」の中に、ユダヤ人たちへのあてつけを読むことは可能です。黙示録に挿入されたこの挿絵はバンベルク州立図書館が所蔵するものです。

こちらはこの挿絵よりもはるかに古い五世紀に制作された、ローマのサンタマリア・マッジョーレ聖堂のモザイク画です（図14）。右上にエルサレム（ヒエルサレム）と書かれております。この「新しいエルサレム」の城門や城壁は宝石で飾られております。それはヨハネ黙示録二一・一九―二一に「都の城壁の土台はあらゆる種類の貴重な石で飾られていた。第一の土台は碧玉、第二はサファイア、第三は……」とあるからです。塔や城壁の至る所に真珠が嵌め込まれておりますが、それは同書二一・二一に「また一二の門は一二の真珠であって、門のそれぞれがひとつの真珠でできていた」とあるからです。この画像でわたしを悩ますのは新しいエルサレムの前に描かれている子羊の数です。六頭しか描かれていないからです。この第二一章では十二使徒が子羊として言及されているので、当然一二匹となるはずだけに不可解です。しかし、ラベンナのサンタポリナーレ・イン・クラッセ聖堂のアプス（後陣）に描かれた図像でも子羊はキリストを中にはさんで左右にそれぞれ三頭ずつであり、また同じラベンナのガッラ・プラチディア廟のルネッタ部分に描かれた「よき羊飼い」でも同じです。

これはサン・ピエトロ・アル・モンテ修道院の礼拝堂の丸天井の東側部分に描かれたフレスコ画です（図15）。制作は一〇九〇年ころとされております。

この絵の解釈は複雑です。

中央に描かれた人物は（一）神なのでしょうか、それとも（二）キリストなのでしょうか、それとも（三）神の座に神に代わって座るキリストなのでしょうか？

この人物の足もとに子羊が描かれております。子羊は一般にキリストを象徴するものですから、

図14　新しいエルサレム、サンタマリア・マッジョーレ聖堂のモザイク画

図15　新しいエルサレム、サン・ピエトロ・アル・モンテ修道院

そこでキリストが描かれているのであれば、上の人物は神だとなります。実際、ヨハネ黙示録二二・一に「(天使はまた)神と子羊の玉座から流れ出て、命の水の、水晶のように輝く川をわたしに見せた」とあるからです。この人物の両足の間から「命の水の川」が流れ出ております。ここでの描写は間違いなく、黙示録二二・二にもとづくものですが、ここでの神は若すぎないのかとか、ここでの神が城壁の長さをはかる計測用の物差し(黙示録二一・一六—一七)を手にしているのはおかしいといった反論がなされそうです。

わたしはそのような反論にたいしては「この絵を制作している人間もまた、黙示録の著者同様、混乱の極みにあるのではないのか?」としか答えられません。もっとも、すでに引いた黙示録二一・二や二一・一〇の記述、すなわち「わたし」は「神(のもと)から降りて来た聖なる都、新しいエルサレム」を見たのだから、ここに神が描かれるのはおかしいと反論されれば、「ごもっともなご指摘です」とうなずきながら、「この人物はキリストであり、キリストであることを示すためにその足もとに子羊が描かれているのだ」とか、「ここではキリストが神になり代わって描かれているのだ」としか言い様がありません。

天のエルサレムの四方は壁に囲まれております。それぞれの側面に三つずつの城門が描かれております。城門の中から守護天使が顔をのぞかせております。全部で一二人です。その天使の上には一二部族の名前のひとつと十二使徒の名前が記されております。ヨハネ黙示録二一・一二に「都には高い大きな城壁と、一二の城門があり、それらの城門の上には一二人の天使がいて、その名が刻まれていた。イスラエルの子らの一二部族の名であった」とあるからです。

図16　天のエルサレム（アウグスティヌスの『神の国』から）、作者不詳

アウグスティヌスの『神の国』とダンテの『神曲』から

こちらはアウグスティヌスの『神の国』から想像した「天のエルサレム」の画像です（図16）。チェコのプラハ王宮の王宮アーカイブで見ることができます。画面の上半分の中央には身光の中のキリストが描かれております。キリストの右上の円内には聖霊をあらわす光輪をもつ鳩が、そして左上の円内には光輪をもつ子羊が描かれております。また上半分の四隅には旧約のエゼキエル書一・五―一〇とヨハネ黙示録四・六―八にもとづいて、四人の福音書記者をなぞらえることになる動物たちが描かれております。すなわち、右上から時計回りに、黙示録のヨハネをあらわす鷲、ルカをあらわす有翼の牡牛、マタイ（あるいはマルコ）をあらわす有翼の獅子、マルコ（あるいはマタイ）をあらわす有翼の人間が熾天使の姿で描かれております。キリストの身光の外の左側に描かれた女性ですが、彼女には光輪が描かれておりますから、キリストの母のマリアだと思われます。彼女はキリストのために、「われいと高きところに住む」（Ego in altissimis habito）とラテン語で書かれた字幕みたいなものを手にしております。ここには「至高天」とか「最高天」と呼ばれる観念が反映されているかもしれません。下段の一列には聖人たちが描かれておりますが、真ん中あたりのひとりは天国の鍵をもつペトロです。ペトロが手にする二本の鍵は、この「新しいエルサレム」の城門を開ける鍵だったのですね。無知なわたしはこの絵を分析するまで、それに気づきませんでした。最下段の右下に描かれた四人には光輪が描かれておりませんが、四人のうちの左端の司教冠をかぶっているの

図17　新しいエルサレム、ダンテの『神曲』の挿絵

はチェコ出身のベネディクト会修道士で、九八三年にプラハの司教となったアーダルベルト（九五六―九七）です。その右隣はプラハの修道院の院長、その右隣は国王、そして国王の右隣は国王の祖母です。

こちらはダンテの『神曲』の挿絵です（図17）。ダンテと、「わたしの心の輝かしい女性」と評した彼の生涯の恋人ベアトリーチェが天空を飛翔して「新しいエルサレム」に到着した場面です。ヨハネの黙示録の第二一章によれば、この聖なる都は正方形でなければなりませんが、ここでは多角形です。ここでの光景は女性専用のサウナ風呂のそれです。一番大きな弧形の椅子の中央には王冠をかぶった悪魔が立っております。いやもしかして座っているのかもしれません。「新しいエルサレム」にも悪魔がいるのですね。これは大英図書館で見ることができます。

タペストリーに見る新しいエルサレム

こちらはフランスのシャルル五世に仕えた画家ジャン・ド・ブリュージュ・ボンドルが下絵を描き、これをパリの織

図18　黙示録のタペストリー

物業者ニコラ・デ・バタイユがアンジュー公ルイのために織ったタペストリーのひとつで、「黙示録のタペストリー」と呼ばれるものからです（図18）。

このタペストリーでは、ヨハネ黙示録二一章の「わたし」であるヨハネが左端に描かれ「新しいエルサレム」を見ております。十字入りの光輪を頭につけた天上のキリストも描かれております。新しいエルサレムの下には「命の水の川」が流れております。この織物は一三七三年から一四年かけて制作されたもので、フランスのアンジェ・タペストリー博物館で展示されております。

ここまでで言い忘れたのですが、ヨハネ黙示録二一・一六によれば、方形の「聖なる都」の一辺は、「天使が物差しで測ると一万二〇〇〇スタディオンあった」というのです。一スタディオンは一八五メートルですから、一辺は二二二〇キロとなります。みなさん方にお伺いいたしますが、鹿児島の最南端から北海道の最北までの距離をご存じでしょうか？

図19　オルレアン公ルイのための時祷書

鹿児島の最南端は「佐多岬」で、北海道の最北端は「宗谷岬」ですが、ウェブで検索してみたところ、この二つの岬の間の距離は一八八八キロだそうですから、一辺が二二二〇キロはそれをはるかに上回る距離となります。この一辺からこの新しいエルサレムの面積を算出するのは容易ですが、それはとんでもない広さとなります。

オルレアン公ルイの時祷書から

こちらはフランスで制作されたオルレアン公ルイ（一三九二―一四〇七）のための時祷書からです（図19）。ルイは「新しいエルサレム」の城壁の外に立っております。彼の前に置かれているのは聖書です。城壁の中のパラダイスにはエデンの園のイメージが投影されております。そこではキリストが、五人の天使の合唱を聞きながら、アダムの横っ腹からエバを引き出しております。ここでアダムとエバを創造したのは神であり、キリストではないと反論される方がおられるかもしれませんが、それは間違いです。ヨハネ福音書の冒頭に見られる「キリスト＝ロゴス」という珍なる説によれば、キリストはロゴスとして天地創造の前からアイオーンの世界にいて天地創造や人類の誕生にはその最初から関与していたのですから、このキリスト・ロゴス論を前面に押し出せば、ここで男の第一号と女の第一号を誕生させているのは神ではなくて神の子、すなわちキリストとなるのです。なおわたしはすでに他の所で、神の代理人である教皇が神を押し退けて人類の誕生に与っている画像をお見せしておりますが（拙著『旧約聖書を美術で読む』［青土社刊］）、中世以降のヨーロッパのキリスト教世界は何でもありの世界であったことを今一度図像でお見せいたします。これは一五三〇

図20　エバの誕生、作者不詳

年ころ、アントウェルペン（アントワープ）で制作された作者不詳氏の「エバの誕生」と題する作品です（図20）。ここでは人類を誕生せしめたのは教皇冠をかぶった教皇なのです。ですから、この時祷書でアダムとエバを創造している人物に教皇冠をかぶらせても、それはそれで面白かったかもしれません。

図19の画像に戻ります。この「新しいエルサレム」には川が流れております。創世記によれば、その川はエデンの外に流れ出ると四つの川に分かれたそうですが、この川もそうなるのでしょうか？

以上です。

これをもって四月に開講したこの講座は終了いたします。かくも大勢の方がたがかくも熱心にわたしの拙い講義に耳を傾けてくださったことに改めて感謝の意を表したいと思います。

あとがきに代えて

「ケンブリッジは異端を追放し、オックスフォードは火あぶりにする。」

これはラブレー研究の碩学マイケル・スクリーチ教授のご自宅に招かれ、ランチをとりながら、わたしが専門とするヨセフスの著作（拙訳、ちくま学芸文庫）やその英訳を行ったウィリアム・ウィストンを話題にしていたとき、教授の口から飛び出た言葉である。

ウィストンはアイザック・ニュートンの後釜としてケンブリッジ大学のルーカス講座を担当していたが、大学が護持するキリスト教の「三位一体」の神学を「ナンセンス」と言って蹴飛ばし、そのため大学を追われた人物である。わたしの記憶が正しければ、それは一七二〇年代の出来事である。ロンドンに出たウィストンは、家族を養うために、いくつかの西洋古典を翻訳することになるが、大成功をおさめたのはヨセフス全集の翻訳であった。その翻訳は誤りなどまったくない、ギリシア語テクストにどこまでも忠実な画期的なものとされた。一七三九年のことである。もちろん、現在のヨセフス学の水準からすれば、その翻訳が典拠としたギリシア語テクストはさまざまな欠陥をもつものであり、その翻訳水準が欽定訳聖書の水準にあると当時の批評家たちにより持ち上げられてもただただ困惑するしかないが、わたしがスクリーチ教授の口から冒頭の言葉を引き出したのは、もし三位一体を否定するウィストンがケンブリッジ大学ではなくてオックスフォード大学の教授であったならば、どのような処遇を受けたかを想像したからである。

この冒頭の言葉は、半ば予想したものとは言え、わたしをうろたえさせるのに十分なものであった。実際わたしはそのとき、口に運ぼうとしていたワイングラスを危うく落としそうとなったが、それというのもそのとき、夏のオックスフォードでの滞在を明日にでも切り上げて、急遽、家内と一緒に日本に帰国した方が身の安全かなとチラッと思ったからである。わたしは「三位一体」の神学などはなから信じておらず、そのことを公然と日本においてばかりか、オックスフォードでも口にしていたからである。しかし、グラスを落とさないですんだのは、現在のオックスフォード大学が一八世紀、一九世紀、二〇世紀前半までのそれとはまるで異なるものになっており、そこでは、キリスト教の信仰などは存在しないものになったとは言えないまでも、はるか後方に追いやられるか片隅に追いやられていることを承知していたからである。実際、わたしが所属するコレッジにはもはやチャペルなどはなく、知の巨人アイザイア・バーリンが学寮長をつとめたことから知られるように、このコレッジで大切なのはユダヤ教やキリスト教の「信仰の護持」ではもはやなく、過去の文化遺産としてのユダヤ教やキリスト教の研究であり、その議論なのである。

そこでユダヤ教やキリスト教が話題にされるとすれば、文化としてのユダヤ教であり、文化としてのキリスト教なのである。

大切なのは食事をとりながらの議論であり、コモン・ルーム（談話室）での議論なのである。議論の重要さを徹底させるために、このコレッジは学部学生を排除する。彼らの大半が古典ギリシアで言う、一丁前の扱いを社会的に受けるエフェボイ（一八歳以上の若者たち）の年齢に到達していても、議論に参加するに必要な知識は十分に持ち合わせず、そのための訓練、たとえば「白は白である」と申し立てる一方で、「白は黒である」と相手を言いくるめる術もまだ十分に身につけていない「三尺の童子」と見なされるわけで、このコレッジに所属できるのは大学院の学生以上か研究者に限られ、しかも研究者を特定の分野に限定するのは、多様な議論のために好ましくないという理由で、数学者や、物理学者、科学者、医学者などが多数呼ばれることになる。そして驚くことに、こうした異分野の者たちがヨセフスやその近代語について意外に多くのことを知っていたりして、わたしの知見を広げてくれるのである。わたしが最近一緒にコレッジの食堂で夕食をとった女性の研究者は、一八世紀の英文学に関心をもち、そのためわたしに詩人のコールリッジがヨセフスの愛読者であったことを教えてくれ、わたしは返礼にウィリアム・ウィストンの裁判記録やそれを報道した一八世紀はじめの雑誌『ジェントルマンズ・マガジン』の存在を教えてあげた。ここは議論の場であると同時に、「教え」「教えられる」場所でもあるのである。

少しばかり脱線したようである。

わたしとオックスフォードとの関わりなどはどうでもいいが、冒頭で紹介したスクリーチ教授の言葉は、歴史の上のキリスト教が正統と思われない考えにつねに敏感に、あるいは過剰に反応して、それを「異端」として断罪し、その断罪こそは「神の栄光」のためであるとしてきたことを教えてくれるものである。神の栄光の前には迷いや、躊躇、逡巡があってはならない。些かもあってはならないのである。

ロンドンのナショナル・ギャラリーで必ず大きな人だかりができる絵画のひとつはポール・ドラローシュの「レディ・ジェーン・グレイの処刑」であるが、この絵から知られるように、ロンドン塔の処刑人が断頭台の上に差し出された首を大なたではねるとき、いささかの逡巡もあってはならず、それを振り落とした後は、「本日の仕事はこれにて終了」とでもいった風情で塔の地下処刑室を後にするが、正統を自負するキリスト教は常に自信をもって異端たちを処刑してきたのである。実際、そのことを教えてくれるのは、一六世紀に、より正確に言えば、一五七二年に出版されたカトリック教徒によるプロテスタント迫害を描いて有名なフォックス著『殉教者の書』である。そこに見られる多数の挿絵は、広場での異端と断罪された者たちが処刑される光景と、歓声を上げてそれを見守るカトリック教徒たちを描いていて興味深い。

すべては「神の栄光」のためである。

しかしながら、「それにしても……」である。

歴史的に考察すれば、キリスト教の正統による異端宣告と断罪はつねに一方的であり、自分たち自身の信仰理解を疑ったりしない。

なぜなのだろうか？

本書を読まれた読者は天使や悪魔について書かれた事柄から、また天国や地獄について書かれた事柄から、さらにまたわたしがこれまでに書いてきた事柄から、正統的なキリスト教もそれが一方的に否定する異教的要素を内包する宗教だとは思わないであろうか？もしキリスト教を超える正統的な何かが存在し、それがことの正邪の判断基準となるものを神の啓示のようにして示してくれるのであれば、それはもしかして歴史の中のキリスト教の正統の教えを異教として宣告し、異端的として切り捨てたり退けたりするかもしれない。

わたしはそんな思いを捨て切れずに本書をまとめ上げてみたが、本書の元となったのは二〇一一年度の春から開始したカルチャー教室での月一回の講義である。わたしはこの講座の受講生の質的水準が高いのにいつも大きな喜びを感じており、天使も悪魔も、天国も地獄についても根底から考え直そうとするわたしの講義に熱心に耳を傾けてくれ、そのため時間が許せば、講義の後も、ちょうどコレッジのコモン・ルームでのように、いろいろと議論したり話をつづけることがしばしばであった。このこともここでは述べておこう。

最後となったが、本書の出版に携わってくれたのは青土社の編集者水木康文氏である。もしかしてわたしにとって命取りになるかもしれない、日本におけるキリスト教信仰のアブナイ領域に巧みにわたしを誘導する氏には、エデンの園の蛇の知恵と誘導術があるのかもしれず、わたしの側には、誘惑にすぐホイホイとのってしまうアダムやエバの軽卒さや軽いノリがあるのかもしれないが、それがなければ世に向かって何も発言できないことは、これまた確かなことであろう。氏の名を記して、「これっきり、これっきりですよ」と呟きながら、この拙文を帰国直前のオックスフォードから地球の裏側の氏のもとに送る次第である。

二〇一一年夏、オックスフォード大学、ウルフソン・コレッジの図書館にて

秦　剛平

秦 剛平（はた・ごうへい）
1942年生まれ。多摩美術大学教授。同大学新図書館館長。
ヘレニズム・ユダヤ教（ヨセフス、フィロン、七十人訳ギリシア語聖書など）や、エウセビオスらの教会の物書きたちの文書資料を中心に初期キリスト教などの研究に携わる。著訳書は約80冊、その中には美術関係の書物として『旧約聖書を美術で読む』、『新約聖書を美術で読む』、『名画で読む聖書の女たち』『名画でたどる聖人たち』（以上青土社）、『美術で読み解く聖母マリアとキリスト教伝説』（ちくま学芸文庫）ほか、聖書関係のものとして『乗っ取られた聖書』、『異教徒ローマ人に語る聖書』、『書き替えられた聖書』（以上京都大学学術出版会）、『旧約聖書続編講義』（リトン）ほかがある。

天使と悪魔
美術で読むキリスト教の深層

2011年 9 月30日　第1刷印刷
2011年10月15日　第1刷発行

著者——秦 剛平
発行者——清水一人
発行所——青土社
東京都千代田区神田神保町1-29 市瀬ビル〒101-0051
［電話］03-3291-9831（編集）　03-3294-7829（営業）
［振替］00190-7-192955
印刷所——ディグ（本文）
方英社（カバー・扉・表紙）
製本所——小泉製本

装幀——高麗隆彦

ISBN978-4-7917-6623-9　Printed in Japan

図版出典一覧

＊作者名もしくは出典名・出土地名の次の年数は制作年を示す

第1講　天使の起源——御使いと位階

ケルビム——御使いの元祖？

図1　人面の牡牛、コルサバード出土、前713-716年、大英博物館（ロンドン）
図2　ソロモンの神殿のケルビム（想像図）、『海の交易者たち』1974年から

ケルビムから天使へ

図3　アダムとエバの楽園追放、マザッチオ、1425-27年、カルミネ聖堂のブランカッチ礼拝堂（フィレンツェ）
図4　アダムとエバの楽園追放、作者不詳、1445年、ニューヨーク市立図書館（デジタル・ギャラリー）
図5　アダムとエバの楽園追放、ヤコポ・デラ・クエルチア、1424-28年（1425-35年）、サン・ペトローニオ大聖堂（ボローニヤ）
図6　楽園でのアダムとエバ、そしてそこからの追放、ランブール兄弟、14世紀、『ベリー公の豪華なる時祷書』

アブラハム物語に登場する天使

図7　カナンに向かうアブラハム、ヨゼフ・モルナール、1850年、所蔵先不明
図8　アブラハムと三人の御使い、6世紀、サンヴィターレ聖堂（ラベンナ）
図9　旧約の聖三位一体（至聖三者）、アンドレイ・ルブリョフ、1410年、トレチャコフ美術館（モスクワ）
図10　アブラハムの前の三人の御使い、イコン、作者不詳、制作年不詳、ウェブ
図11　アブラハムの前の三人の御使い、ヘルブラント・ファン・デン・エークハウト、1656年、エルミタージ美術館（サンクト・ペテルブルク）
図12　アブラハムと三人の御使い、ジェイムズ・ティソ、1896-1902年、ユダヤ博物館（ニューヨーク）
図13　荒れ野のハガル、ジョバンニ・ランフランコ、制作年不明、ルーブル美術館（パリ）
図14　荒れ野のハガル、アンドレア・サッキ、1640年、ウェールズ国立美術館（カーディフ）
図15　荒れ野のハガル、マルカントニオ・フランチェシニ、17-18世紀、個人蔵
図16　御使いと少年イシュマエル、ジェイムズ・ティソ、1896-1900年、ウェブ
図17　イサクの奉献、チゴリ、1607年ころ、パラティーナ美術館（フィレンツェ）

図18　イサクの奉献、ドメニキーノ、1627-28年、プラド美術館（マドリード）

創世記以外では
イザヤ書のセラフィム
図19　セラフィム、ランブール兄弟、14世紀、『ベリー公の豪華なる時祷書』
図20　セラフィムと一緒の栄光の中の聖母、サンドロ・ボッティチェリ、1469-70年、ウフィツィ美術館（フィレンツェ）
図21　聖母の戴冠、サンドロ・ボッティチェリ、1490-92年、ウフィツィ美術館（フィレンツェ）
図22　セラフから聖痕を受ける聖フランチェスコ、ジョット、1297-1300年、聖フランチェスコ聖堂の上部教会（アッシジ）
図23　聖フランチェスコの言い伝え、ジョット、1297-1300年、聖フランチェスコ聖堂の上部教会（アッシジ）

旧約聖書外典に見られる天使
図24　トビアスと天使、アンドレア・デル・ヴェロッキオ 、1470-80年、ルーブル美術館（パリ）
図25　トビアスに同行する三大天使、フランチェスコ・ボッティチーニ、1470年ころ、ウフィツィ美術館（フィレンツェ）
図26　聖三位一体、ボッティチェリ、1491-93年、コートールド美術研究所（ロンドン）
図27　聖三位一体（部分）、ボッティチェリ、同上

新約聖書の天使
図28　ザカリアに現れる天使ガブリエル、ウィリアム・ブレイク、1799-1800年、メトロポリタン美術館（ニューヨーク）
図29　受胎告知、カラヴァッジオ、1608-9年、ナンシー美術館（ナンシー）
図30　オリーブ山での祈り、アンドレア・マンナテーニヤ、1460年代、ナショナル・ギャラリー（ロンドン）
図31　オリーブ山での祈り、アンドレア・マンナテーニヤ、1470年代、トゥール美術館（トゥール）
図32　復活、ハンス・メムリンク、制作年不詳、ブダペスト国立美術館（ブダペスト）
図33　復活後のキリスト、作者不詳、制作年不詳、ウェブ
図34　昇天、ジョット・ディ・ボンドーネ、1304-06年、スクローヴェニ礼拝堂（パドゥア）

最後の審判と天使
図35　最後の審判（中央パネル）、ロヒール・ファン・デル・ウェイデン、1446-52年、ボーヌ施療院（ボーヌ、フランス）

図36　孔雀図、丸山応挙、1781年（江戸時代後期）、ミホミュージアム（滋賀県甲賀市）
図37　最後の審判（全体）、ロヒール・ファン・デル・ウェイデン、1446-52年、ボーヌ施療院（ボーヌ、フランス）
図38　聖ミカエルの祭壇、ヘラルト・ダーフィット、制作年不詳、美術史美術館（ウィーン）
図39　大天使ミカエル、ラファエッロ・サンツィオ、1503-05年、ルーブル美術館（パリ）

天使の位階

図40　4つの生き物と4人の福音書記者、ケルズの書、8世紀
図41　4人の福音書記者、アーヘン福音書、10-11世紀

第2講　悪魔の来歴とイメージ

天使と御使いの違いは？
『悪魔の事典』があげる悪魔の数
ルシファー

図1　ルシファーを追い立てる聖ミカエル、ロレンツォ・ロット、1550年ころ、使徒宮殿（ヴァティカン宮殿）
図2　反逆天使（堕天使）の墜落、ルカ・ジョルダーノ、1666年、美術史美術館（ウィーン）
図3　『失楽園』挿絵、ポール・ギュスターヴ・ドレ、1866年、ウェブ
図4　『失楽園』挿絵、ポール・ギュスターヴ・ドレ、同上
図5　干し草を積んでいる荷車、ヒエロニムス・ボス、1500-02年、プラド美術館（マドリード）
図6　反逆天使の墜落、ドメニコ・ベッカフーミ、1528年、サン・ニッコロ・アル・カルミネ聖堂（シエナ）
図7　大天使ミカエルと反逆天使、フランス・フローリス、1554年ころ、アントウェルペン王立美術館（アントウェルペン＝アントワープ）
図8　反逆天使の墜落、ピーテル・ブリューゲル、1562年、ブリュッセル王立美術館（ブリュッセル）

ヨブ記のサタン

図9　主の前のサタン、コラード・ジャクイント、1750年ころ、ヴァティカン美術館（ヴァティカン）

ウィリアム・ブレイクとヨブ記

図10　神の玉座の前のサタン、ウィリアム・ブレイク、1825年、三重県立美術館

(三重県津市)(ウェブ)
図11　息子と娘たちの破滅、ウィリアム・ブレイク、同上
図12　主の前から進んで行くサタンとヨブの施し、ウィリアム・ブレイク、同上
図13　腫れ物でヨブを撃つサタン、ウィリアム・ブレイク、同上
図14　腫れ物でヨブを撃つサタン、ウィリアム・ブレイク、テンペラ画、1826年ころ、テート・ギャラリー(ロンドン)
図15　サタンの墜落、ウィリアム・ブレイク、1825年、三重県立美術館(三重県津市)
図16　キリストの幻、ウィリアム・ブレイク、同上

ベエルゼブブ

新約聖書と悪魔

図17　キリストの誘惑、11世紀、サンマルコ大聖堂(ヴェネツィア)
図18　荒れ野の誘惑、ファン・デ・フランデス、1500年ころ、ナショナル・ギャラリー・オブ・アート(ワシントン)
図19　荒れ野の誘惑、シモン・ベニング、1525-30年、ポール・ゲッティ美術館(ロサンジェルス)
図20　最初の誘惑、ウィリアム・ブレイク(ミルトン『失楽園』の挿絵)、フィッツウィリアム美術館(ケンブリッジ大学)

悪魔の誘惑

七つの大罪

図21　七つの大罪、ヒエロニムス・ボス、1480年ころ、プラド美術館(マドリード)
図22「七つの大罪」の中の大食、ブリューゲル、1558年、ネーデルラント研究所(パリ)
図23「七つの大罪」の中の強欲、ブリューゲル、同上、大英博物館(ロンドン)
図24「七つの大罪」の中の怠惰、ブリューゲル、同上、アルベルティーナ美術館(ウィーン)
図25「七つの大罪」の中の淫欲、ブリューゲル、同上、ブリュッセル王立図書館(ブリュッセル)
図26「七つの大罪」の中の傲慢、ブリューゲル、同上、ネーデルラント研究所(パリ)
図27「七つの大罪」の中の嫉妬、ブリューゲル、同上、ローベルト・フォン・ヒルシュ蔵
図28「七つの大罪」の中の憤怒、ブリューゲル、同上、ウフィツィ美術館(フィレンツェ)

第３講　悪魔の誘惑と聖人――アントニオスの場合ほか

ウォラギネの『黄金伝説』とアタナシオスの『アントニオス伝』
アントニオスの生涯
アントニオスに魅せられた画家たち
図１　聖アントニオスの誘惑、フラ・アンジェリコ、1430年ころ、ヒューストン美術館（ヒューストン）
図２　聖アントニオスと悪魔たちの妨害、マルティン・ショーンガウアー、1470年ころ、メトロポリタン美術館（ニューヨーク）
図３　聖アントニオスの誘惑、ベルナルディーオ・パレンツァーノ、1494年ころ、ドリア＝パンフィリ美術館（ローマ）
図４　聖アントニオスの誘惑（部分）、ヒエロニムス・ボス、1505-06年、リスボン国立美術館（リスボン）
図５　聖アントニオスの誘惑（全体）、ヒエロニムス・ボス、同上
図６　聖アントニオスの誘惑（部分）、ヒエロニムス・ボス、同上
図７　聖アントニオスの誘惑、ヒエロニムス・ボス、1468年、プラド美術館（マドリード）
図８　聖アントニオスの誘惑、マティアス・グリューネヴァルト、1515年、コルマール美術館（コルマール、フランス）
図９　聖アントニオスの誘惑、ヨアヒム・パティニール、制作年不詳、プラド美術館（マドリード）
図10　聖アントニオスの誘惑、ニクラウス・マヌエル・ドイッチュ、1520年、ベルン美術館（ベルン）
図11　聖アントニオスの誘惑、ルーカス・ファン・レイデン、1530年ころ、王立芸術美術館（ブリュッセル）
図12　聖アントニオスの誘惑、ピーテル・ユイーズ、1547年、ルーブル美術館（パリ）
図13　聖アントニオスの誘惑、ピーテル・ブリューゲル、1556年
図14　聖アントニオスの誘惑、ヤン・ブリューゲル、1601年、ウェブ
図15　聖アントニオスの誘惑、マルティン・デ・フォス、16世紀末、アントウェルペン（アントワープ）王立美術館（ベルギー）
図16　聖アントニオスの誘惑、ヨハン・リス、17世紀前半、ウェブ
図17　聖アントニオスの誘惑、コルネリス・サフトレーフェン、1629年、個人蔵
図18　聖ベネディクトゥスの生涯、ソドマ、1508年、ウェブ
図19　隠者の聖ベネディクトゥス、作者不詳、16世紀前半、ストックホルム国立美術館（ストックホルム）
図20　聖アントニオスの誘惑、ダーフィット・テニールス、1644-46年、ウェブ
図21　聖アントニオスの誘惑、ダーフィット・テニールス、1650年代、ウェブ
図22　聖アントニオスの誘惑、ダーフィット・テニールス、制作年不詳、ウェブ
図23　聖アントニオスの誘惑、アレクサンドル・ルイ・ルロワール、1871年、個

人蔵（ローマ）
図24　聖アントニオスの誘惑、ドメニコ・モレッリ、1878年、ローマ国立近代美術館（ローマ）
図25　聖アントニオスの誘惑、フェリシアン・ロップス、1878年、エッチング、ウェブ
図26　聖アントニオスの誘惑（習作)、フェリシアン・ロップス、1878年、ウェブ
図27　聖アントニオスの誘惑、ファンタン＝ラトゥール、国立西洋美術館（東京）
図28　聖アントニオスの誘惑、ポール・セザンヌ、1875年（1867-69年)、ビュルレ・コレクション（チューリッヒ）
図29　聖アントニオスの誘惑、ポール・セザンヌ、1875年、オルセー美術館（パリ）
図30　聖アントニオスの誘惑、サルヴァドール・ダリ、1946年、ブリュッセル王立美術館（ブリュッセル）
図31　聖アントニオスの誘惑、サルヴァトール・ローザ、1645年、ランバルディ美術館（サンレモ）
図32　聖アントニオスの誘惑、サルヴァトール・ローザ、1645年、ウェブ

エクソシズム

図33　アレッツォの町からの悪魔祓い（全体)、ジョット・ディ・ボンドーネ、1297-99年、聖フランチェスコ大聖堂の上部教会（アッシジ）
図34　アレッツォの町からの悪魔祓い（部分)、ジョット・ディ・ボンドーネ、同上
図35　エウドクシアの悪魔祓い、作者不詳、15世紀後半、カタロニア美術館（バルセロナ）
図36　「聖ベネディクトゥスの生涯」から、ルカ・シニョレリ、ウェブ
図37　「聖ベネディクトゥスの生涯」から、ルカ・シニョレリ、ウェブ
図38　聖ゼノビオスの三つの奇蹟、サンドロ・ボッティチェリ、1500年ころ、ナショナル・ギャラリー（ロンドン）

第4講　死の表象と死神の勝利

死神の踊り（ダンス・マカーブル）

死神の踊りの画像

図1　死神の踊り、作者不詳、制作年不詳、パリ国立図書館（パリ）
図2　死神の踊り、ベルント・ノトケ、15世紀後半、聖ニコラ教会（タリン）
図3　死神の踊り、ベルント・ノトケ、1463年。ただしここでの掲載画像はアントン・ウォルトマンが1701年に制作したもの
図4　死神の踊り、ミヒャエル・ヴォルゲムート、1493年、ウェブ
図5　死神と教皇と王、作者不詳、制作年不詳、ウェブ

図6　死神と司教ほか、同上
図7　死神と司教ほか、同上
図8　死神と聖女と王、同上
図9　死神と修道士と農奴、同上
図10　この世の虚飾と死神、ハンス・バルドゥング＝グリーン、1510年ころ、ウィーン美術史美術館（ウィーン）
図11　人間の三世代、ハンス・バルドゥング＝グリーン、1539年、プラド美術館（マドリード）
図12　死神と眠れる女、ハンス・ゼーバルト・ベーハム、1548年、ウェブ
図13　死神と女、ハンス・ゼーバルト・ベーハム、同上

ホルバインと死神の踊り

図14　楽園から追放されるアダムとエバ、ハンス・ホルバイン、1524年、大英図書館（ロンドン）
図15　死神と教皇、ハンス・ホルバイン、同上
図16　死神と枢機卿、ハンス・ホルバイン、同上
図17　死神と司教、ハンス・ホルバイン、同上
図18　死神と托鉢修道会の修道士、ハンス・ホルバイン、同上
図19　死神と修道女、ハンス・ホルバイン、同上
図20　死神と説教者、ハンス・ホルバイン、同上
図21　死神と貴族、ハンス・ホルバイン、同上
図22　死神と弁護士、ハンス・ホルバイン、同上
図23　死神と政治家、ハンス・ホルバイン、同上
図24　死神と皇帝、ハンス・ホルバイン、同上
図25　親もとから子供を連れ去る死神、ハンス・ホルバイン、同上
図26　最後の審判、ハンス・ホルバイン、同上
図27　死神の踊り――「アルファベット」、ハンス・ホルバイン、同上
図28　死神の踊り――「アルファベット」、ハンス・ホルバイン、同上
図29　アルファベットのA、ハンス・ホルバイン、同上
図30　アルファベットのB、ハンス・ホルバイン、同上

死の勝利、あるいは死神の勝利

図31　死神の勝利、作者不詳、制作年不詳、シチリア地区美術館（パレルモ）
図32　死神の勝利、ジャコモ・ボルローネ、1485年、笞打ち修道会の小礼拝堂の外壁（クルソーネ）
図33　死神の勝利、ジャコモ・ボルローネ、同上
図34　死の勝利（全体）、ピーテル・ブリューゲル、1562年ころ、プラド美術館（マドリード）
図35　死の勝利（部分）、ピーテル・ブリューゲル、同上
図36　死の勝利（部分）、ピーテル・ブリューゲル、同上

図37　死の勝利（部分）、ピーテル・ブリューゲル、同上
図38　死の勝利（部分）、ピーテル・ブリューゲル、同上
図39　死の勝利（部分）、ピーテル・ブリューゲル、同上

ヴァニタス——死の寓意画
図40　ヴァニタス（メメントー・モーリ）、作者不詳、1502年ころ、ブダペスト国立美術館（ブタペスト）
図41　ヴァニタス、ピーテル・クラース、1625年、ウェブ
図42　ヴァニタス、ピーテル・クラース、1630年、マウリッツハイス美術館（ハーグ）
図43　ヴァニタス——花束と骸骨のある静物画、ユトレヒトのアドリアエン、1642年ころ、個人蔵
図44　ヴァニタス、ダウィド・ベイリー、1650年ころ、ウェブ
図45　ヴァニタスを象徴するものと一緒の自画像、ダウィド・ベイリー、1651年、ライデン市立美術館（ライデン）
図46　骸骨を手にもつ若者、フランス・ハルス、1626-28年、ナショナル・ギャラリー（ロンドン）

第5講　リンボのキリストと悪魔、煉獄・地獄と魔王

父祖たちのリンボ
エウセビオスの議論
リンボの画像と画家たちの理解
図1　リンボのキリスト（黄泉への降下）、ドゥッチオ・ディ・ブォニンセーニヤ、1308-11年、ドゥオモ付属美術館（シエナ）
図2　リンボのキリスト、アンドレア・ダ・フィレンツェ、1365-68年、サンタ・マリア・ノヴェッラ聖堂（フィレンツェ）
図3　リンボのキリスト、フラ・アンジェリコ、1441年ころ、サンマルコ修道院付属美術館（フィレンツェ）
図4　リンボのキリスト、作者不詳、1445年ころ、ハーバード大学・フォッグ美術館（マサチューセッツ）
図5　リンボのキリスト、フリードリッヒ・パッヒャー、1460年代、ブダペスト国立美術館（ブダペスト）
図6　リンボのキリスト、アンドレア・マンテーニヤ、1475-80年、国立高等美術学校（パリ）
図7　楽園にいるよき強盗、イコン、作者不詳、制作年不詳、ウェブ
図8　リンボのキリスト、アルブレヒト・デューラー、1510年、アルベルティーナ美術館（ウィーン）
図9　リンボのキリスト、アルブレヒト・デューラー、1512年、メトロポリタン

美術館（ニューヨーク）
図10　リンボのキリスト、ティントレット、1568年、サン・カシアーノ（ヴェネツィア）
図11　アナスタシス、イコン、制作年不詳、ギリシア正教聖堂壁画（イスタンブール）

煉獄

煉獄の画像

図12　煉獄（ランブール兄弟、『ベリー公の豪華なる時祷書』から）、1416年以前、コンデ美術館（シャンティイ）
図13　地獄（ランブール兄弟作『ベリー公の豪華なる時祷書』から）、同上
図14　煉獄から聖人たちを救う聖ラウレンティウス、ロレンツォ・ディ・ニッコロ、1410-14年、ブルックリン美術館（ニューヨーク）
図15　煉獄から聖人たちを救う聖ラウレンティウス、作者不詳、制作年不詳、ウェブ
図16　煉獄からの霊魂の飛翔、ペドロ・ロヴィアーレ、カプアーノ城（ナポリ）
図17　煉獄（「イエスの御名の崇拝」から）、エル・グレコ、1578-80年、ナショナル・ギャラリー（ロンドン）
図18　「イエスの御名の崇拝」、エル・グレコ、1578-80年、王立エル・エスコリアル聖ロレンソ修道院の参事室（エル・エスコリアル）
図19　聖グレゴリウスのミサ、ジョヴァンニ・バティスタ・クレスピ、1615-17年、サン・ヴィットーレ教会（ヴァレーゼ）
図20　煉獄にいる霊魂のために執り成しをするアヴィラの聖女テレサ、ピーテル・パウル・ルーベンス、1615年、ウィーン美術史美術館（ウィーン）
図21　煉獄で浄められる者たちと天上のキリスト、ルーカス・クラーナハ、制作年不詳、ウェブ
図22　東京・千歳船橋駅ちかくの娯楽センター、著者撮影
図23　煉獄の火で浄められた女性たち、作者不詳、制作年不詳、ウェブ

地獄と魔王

図24　地獄（「悦びの苑」から）、作者不詳、1180年ころ、国立図書館（パリ）
図25　地獄（「最後の審判」から）、コッポ・ディ・マルコヴァルド、1260-70年、サン・ジョヴァンニ聖堂（フィレンツェ）
図26　地獄（「最後の審判」から）、ジョット・ディ・ボンドーネ、1306年、スクローヴェニ礼拝堂（パドゥア）
図27　地獄（「最後の審判」から）、ジョヴァンニ・ダ・モデナ、1404年、サン・ペトロニオ聖堂（ボローニヤ）
図28　地獄（「最後の審判」から）、フラ・アンジェリコ、1431年、サンマルコ美術館（フィレンツェ）
図29　地獄（ダンテ『神曲』から）、サンドロ・ボッティチェリ、ベルリン国立美

術館（ベルリン）
図30　リンボのダンテと詩人たち、ギュスターヴ・ドレ、1861年（ダンテの『神曲』の挿絵）
図31　地獄（「この世の虚飾と聖なる救い」から)、ハンス・メムリンク、1485年ころ、ストラスブール芸術美術館（ストラスブール）
図32　この世の虚飾と聖なる救い、ハンス・メムリンク、同上

第6講　天使の国と新しいエルサレム

天国

メムリンクの最後の審判と天国への入り口

図1　最後の審判、ハンス・メムリンク、1467-71年、ワルシャワ国立美術館（ワルシャワ）
図2　死者の復活（部分)、ルカ・シニョレリ、1499-1502年、オルヴィエート大聖堂のサン・ブリツィオ礼拝堂（オルヴィエート、イタリア）
図3　死者の復活（部分)、ルカ・シニョレリ、同上
図4　天国へ行く者たち（最後の審判から)、ハンス・メムリンク、1467-71年、ワルシャワ国立美術館（ワルシャワ）

さまざまな最後の審判の表現

図5　最後の審判、ロヒール・ファン・デル・ウェイデン、1446-52年、ボーヌの施療院（ボーヌ、フランス）
図6　最後の審判（中央パネル)、ロヒール・ファン・デル・ウェイデン、同上
図7　最後の審判（左端パネル）ロヒール・ファン・デル・ウェイデン、同上
図8　最後の審判、シュテファン・ロホナー、1435年ころ、ヴァルラフ＝リヒャルツ美術館（ケルン）
図9　最後の審判、ジョヴァンニ・ディ・パオロ、1445年、シエナ国立美術館（シエナ）
図10　最後の審判、フラ・アンジェリコ、1425-30年（?)、サンマルコ大聖堂美術館（フィレンツェ）
図11　最後の審判（部分拡大図)、フラ・アンジェリコ、1425-30年、サンマルコ大聖堂（フィレンツェ）
図12　最後の審判、フラ・アンジェリコ、1435-40年、ドレスデン国立絵画館（ドレスデン）

ヨハネ黙示録の「聖なる都、新しいエルサレム」

図13　新しいエルサレム（バンベルク黙示録)、1020年ころ、作者不詳
図14　新しいエルサレム、5世紀、サンタマリア・マッジョーレ聖堂（ローマ）
図15　新しいエルサレム、1090年ころ、サン・ピエトロ・アル・モンテ修道院の

礼拝堂（ロンバルティア州、ウーディネ県）

アウグスティヌスの『神の国』とダンテの『神曲』から

図16　天のエルサレム（アウグスティヌスの『神の国』からの想像図）、作者不詳、制作年不詳、プラハ王宮（プラハ）

図17　新しいエルサレム（ダンテの『神曲』の挿絵）、1300-21年、大英図書館（ロンドン）

タペストリーに見る新しいエルサレム

図18　黙示録のタペストリー、ジャン・ド・ブリュージュポンドル（下絵）＋ニコラ・デ・バタイユ（制作）、1373-87年、アンジュ・タペストリー博物館（アンジェ、フランス）

オルレアン公ルイのための時祷書から

図19　オルレアン公ルイのための時祷書、1490年の日付け入りのもの、ロシア国立図書館（サンクト・ペテルブルク）

図20　エバの誕生、作者不詳、1530年ころ、アントウェルペン（アントワープ）、ウェブ

参考文献覚書

1　講義に関する著者の図像関係の書物

秦剛平著『名画でたどる聖人たち』（青土社、2011）
秦剛平著『名画で読む聖書の女たち』（青土社、2010）
秦剛平著『絵解きでわかる聖書の世界—旧約外典偽典を読む』（青土社、2009）
秦剛平著『美術で読み解く新約聖書の真実』（ちくま学芸文庫、2009）
秦剛平著『美術で読み解く旧約聖書の真実』（ちくま学芸文庫、2009）
秦剛平著『美術で読み解く聖母マリアとキリスト教伝説』（ちくま学芸文庫、2009）
秦剛平著『反ユダヤ主義を美術で読む』（青土社、2008）
秦剛平著『旧約聖書を美術で読む』（青土社、2007）
秦剛平著『新約聖書を美術で読む』（青土社、2007）
秦剛平著『あまのじゃく聖書学講義』（青土社、2006）
秦剛平著『描かれなかった十字架—初期キリスト教の光と闇』（青土社、2005）

2　講義に関する著者訳出の基礎的史料および著作

秦剛平訳、エウセビオス『教会史』上・下（講談社学術文庫、2010）
秦剛平訳、エウセビオス『コンスタンティヌスの生涯』（京都大学学術出版会、2004）
秦剛平著『旧約聖書続編講義』（リトン、1999年）

3　図典・事典・辞典ほか

ブレンダ・ラルフ・ルイス著『ローマ教皇史——ダークヒストリー４』（樺山紘一監修、原書房、2010）
ミシェル・フイエ著『キリスト教シンボル事典』（武藤剛史訳、白水社、2006）
増田朋幸＋喜多崎親編著『岩波　西洋美術用語辞典』（岩波書店、2005）
Rosa Giorgi, *Saints: A Year in Faith and Art* (New York: Abrams, 2005)
ジェイムズ・ホール著『西洋美術解読事典』（高階秀爾訳、河出書房新社、2004）
マルコム・ゴドウィン著『天使の世界』（大瀧啓裕訳、青土社、2004）
Ｊ・Ｄ・ヘイル編『イタリア・ルネサンス事典』（中森義宗監訳、東信堂、2003）
ゲルト・ハインツ＝モーア著『西洋シンボル事典』（野村太郎・小林頼子監訳、八坂書房、2003）
Ｊ・Ｂ・ラッセル著『悪魔の系譜』（大瀧啓裕訳、青土社、2002）
Ｈ・クラフト著『キリスト教教父事典』（水垣渉ほか訳、教文館、2002）
ハンス・ビーダーマン著『図説　世界シンボル事典』（藤代幸一監訳、八坂書房、

2000)
マシュー・バンソン著『ローマ教皇事典』（長崎恵子ほか訳、三交社、2000）
ドナルド・アットウォーター著『聖人事典』（山岡健訳、三交社、1998）
C・S・クリフトン著『異端事典』（田中雅志訳、三交社、1998）
D・アットウォーター著『聖人事典』（山岡健訳、三交社、1998）
新カトリック大事典編纂委員会編『新カトリック大事典』全4巻（研究社、1996-2009）
Clemens Jockle, *Encyclopedia of Saints* (London: Alpine Fine Arts Collection Ltd, 1995)
黒江光彦監修『西洋絵画作品名辞典』（三省堂、1994）
フレッド・ゲティングズ著『悪魔の事典』（大瀧啓裕訳、青土社、1992）
柳宗玄・中森義宗編『キリスト教美術図典』（吉川弘文館、1990）
秋山光和編『新潮　世界美術辞典』（新潮社、1990）
佐々木英也監修『オックスフォード　西洋美術事典』（講談社、1989）
ピーター＆リンダ・マーリ著『西洋美術事典』（大島清次ほか訳、美術出版社、1967）
今泉篤男＋山田智三郎編『西洋美術辞典』（東京堂出版、1954）

4　西欧キリスト教美術の背景理解に必要な基本資料

エウセビオス著『教会史』上・下（秦剛平訳、講談社学術文庫、2010）
ベーダ著『英国民教会史』（高橋博訳、講談社学術文庫、2008）
ヤコブス・デ・ウォラギネ著『黄金伝説』4分冊（前田敬作・今村孝ほか訳、平凡社ライブラリー、2006）
小高毅編『原典　古代キリスト教思想史　2　ギリシア教父』（教文館、2000）
ヨーロッパ中世史研究会編『西洋中世史料集』(東京大学出版会、2000)
『中世思想原典集成1――初期ギリシア教父』（編訳・監修＝上智大学中世思想研究所・小高毅、平凡社、1995）
『中世思想原典集成3――後期ギリシア教父・ビザンティン思想』（編訳・監修＝上智大学中世思想研究所・大森正樹、平凡社、1994）
『中世思想原典集成2――盛期ギリシア教父』（編訳・監修＝上智大学中世思想研究所・宮本久雄、平凡社、1993）
『中世思想原典集成5――後期ラテン教父』（編訳・監修＝上智大学中世思想研究所・野町啓、平凡社、1993）
『ヤコブ原福音書』（八木誠一＋伊吹雄訳、『聖書外典偽典6――新約外典Ⅰ』［教文館、1976］所収）

5　西欧キリスト教美術の背景理解のために

出村みや子著『聖書解釈者オリゲネスとアレクサンドリア文献学』（知泉書館、2011）
ベルナール・レミィ著『ディオクレティアヌスと四帝統治』（大清水裕訳、白水社、

2010)
阿部謹也著『中世の星の下で』(ちくま学芸文庫、2010)
度会好一著『ヨーロッパの覇権とユダヤ人』(法政大学出版局、2010)
小田内隆著『異端者たちの中世ヨーロッパ』(NHK 出版、2010)
稲垣良典著「トマス・アクィナス『神学大全』」(講談社選書メチエ、2009)
原野昇+木俣元著『芸術のトポス』(岩波書店、2009)
秋山聡著『聖遺物崇敬の心性史』(講談社選書メチエ、2009)
浅野和生著『ヨーロッパの中世美術』(中公新書、2009)
ウンベルト・エーコ編著『醜の歴史』(川野美也子訳、東洋書林、2009)
豊田浩志編『神は細部に宿り給う』(南窓社、2008)
ローラ・ウォード/ウィル・スティーズ著『悪魔の姿——絵画・彫刻で知る堕天使の物語』(小林純子訳、新紀元社、2008)
若桑みどり著『聖母像の到来』(青土社、2008)
堀越孝一著『中世の秋の画家たち』(講談社学術文庫、2007)
浜本隆志著『拷問と処刑の西洋史』(新潮選書、2007)
阿部謹也著『西洋中世の男と女』(ちくま学芸文庫、2007)
ロニー・ポチャ・シャー著『トレント 1475 年——ユダヤ人儀礼殺人の裁判記録』(佐々木博光訳、昭和堂、2007)
池上英洋編著『レオナルド・ダ・ヴィンチの世界』(東京堂出版、2007)
松本典昭著『パトロンたちのルネサンス』(日本放送出版協会、2007)
青山吉信著『聖遺物の世界』(山川出版社、2006)
堀越孝一著『中世ヨーロッパの歴史』(講談社学術文庫、2006)
J・ル=ゴフ著『中世の身体』(池田健二ほか訳、藤原書店、2006)
高橋裕史著『イエズス会の世界戦略』(講談社、2006)
岡田温司著『マグダラのマリア——エロスとアガペーの聖女』(中公新書、2005)
J・ル=ゴフ著『中世とは何か』(池田健二ほか訳、藤原書店、2005)
永田諒一著『宗教改革の真実』(講談社現代新書、2005)
甚野尚志+堀越宏一編『中世ヨーロッパを生きる』(東京大学出版会、2004)
石井美樹子著『聖母のルネサンス——マリアはどう描かれたか』(岩波書店、2004)
堀越孝一編『新書ヨーロッパ史・中世篇』(講談社現代新書、2003)
高階秀爾著『カラー版　西洋美術史』(美術出版社、2002)
澤井繁雄男著『イタリア・ルネサンス』(講談社現代新書、2001)
松原秀一著『異教としてのキリスト教』(平凡社ライブラリー、2001)
鈴木宣明著『ローマ教皇』(河出書房新社、2001)
『西洋美術研究会』編集委員会編『西洋美術研究 No.6 ——イコノクラスム』(三元社、2001)
ジョン・ラウデン著『初期キリスト教美術・ビザンティン美術』(益田朋幸訳、岩波書店、2000)
関根秀一編『イタリア・ルネサンス美術論』(東京堂出版、2000)
P・G・マックスウェル-スチュアート著『ローマ教皇歴代誌』(高橋正男監修、

創元社、1999）
中丸明著『絵画で読むグレコのスペイン』（新潮社、1999）
利倉隆著『悪魔の美術と物語』(美術出版社、1999)
上山安敏著『魔女とキリスト教――ヨーロッパ学再考』（講談社学術文庫、1998）
諸川春樹著『西洋絵画史入門』（美術出版社、1998）
諸川春樹＋利倉隆著『聖母マリアの美術』（美術出版社、1998）
今野国雄著『ヨーロッパ中世の心』(日本放送出版協会、1997)
諸川春樹著『西洋絵画史入門』（美術出版社、1997）
諸川春樹著『西洋絵画の主題物語　I 聖書編』（美術出版社、1997）
ロバート・ヒューズ著『西欧絵画に見る天国と地獄』（山下主一郎訳、大修館書店、1997）
中丸明著『絵画で読む聖書』（新潮社、1997）
フランチェスコ・シオヴァロ／ジェラール・ベシェール著『ローマ教皇』（鈴木宣明監修、創文社 1997）
諸川春樹著『西洋絵画史 WHO'S WHO』（美術出版社、1996）
ヴェロニカ・デ・ブリューン＝デ・オーサ著『エル・グレコの生涯』（エディションｑ、1995）
豊田浩志著『キリスト教の交流とローマ帝国』（南窓社、1994）
塚本博著『イタリア・ルネサンス美術の水脈』（三元社、1994）
橋口倫介著『十字軍騎士団』（講談社学術文庫、1994）
樺山紘一著『ルネサンス』（講談社学術文庫、1993）
ジョルジュ・タート著『十字軍』（池上俊一監修、創文社、1993）
鐸木道剛＋定村忠士著『イコン』（毎日新聞社、1993）
ジェフリー・バラクラフ編『キリスト教文化史 I』（別宮貞徳訳、原書房 1993）
廣岡正久著『ロシア正教の千年』（日本放送出版会、1993）
高橋保行著『イコンのかたち』（春秋社、1992）
阿部謹也著『ヨーロッパ中世の宇宙観』（講談社学術文庫、1991）
高橋保行著『東方の光と影』（春秋社、1991）
高橋保行著『イコンのあゆみ』（春秋社、1990）
石井美樹子著『聖母マリアの謎』（白水社 1988）
阿部謹也著『ハーメルンの笛吹き男』（ちくま学芸文庫、1988）
Ｊ・ル・ゴッフ『煉獄の誕生』（法政大学出版局、1988）
小高毅著『古代キリスト教思想家の世界』（創文社、1984）
阿部謹也著『中世の窓から』（朝日新聞社、1981）
阿部謹也著『中世を旅する人びと』（平凡社、1978）
ダンテ著『神曲』（野上素一訳、筑摩書房、1964）

6　ウェブから画像を引き出すには

秦剛平著『美術で読み解く新約聖書の真実』（ちくま学芸文庫、2009）、同『美術で読み解く旧約聖書の真実』（ちくま学芸文庫、2009）の巻末に付せられた「ウェブから世界の名画を引きだそう」参照